I0129820

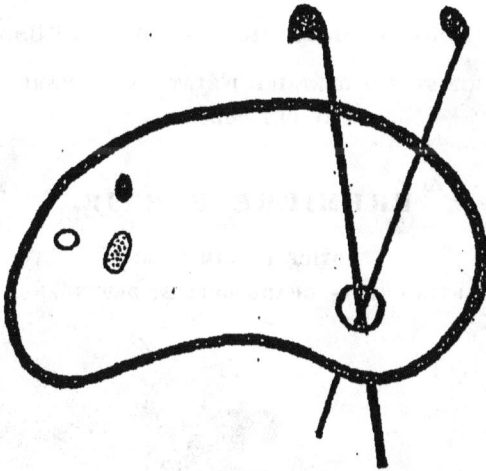

COUVERTURE SUPÉRIEURE ET INFÉRIEURE
EN COULEUR

NOTICES

STATISTIQUES

SUR

LES COLONIES FRANÇAISES.

IMPRIMÉES

PAR ORDRE DE M. LE VICE-AMIRAL DE ROSAMEL,

MINISTRE SECRÉTAIRE D'ÉTAT DE LA MARINE

ET DES COLONIES.

PREMIÈRE PARTIE.

NOTICE PRÉLIMINAIRE,

MARTINIQUE. — GUADELOUPE ET DÉPENDANCES.

PARIS,

IMPRIMERIE ROYALE.

M DCCC XXXVII.

NOTICES

STATISTIQUES

SUR

LES COLONIES FRANÇAISES.

IMPRIMÉES

PAR ORDRE DE M. LE VICE-AMIRAL DE ROSAMEL,

MINISTRE SECRÉTAIRE D'ÉTAT DE LA MARINE
ET DES COLONIES.

NOTICES

STATISTIQUES

SUR

LES COLONIES FRANÇAISES.

IMPRIMÉES

PAR ORDRE DE M. LE VICE-AMIRAL DE ROSAMEL,

MINISTRE SECRÉTAIRE D'ÉTAT DE LA MARINE
ET DES COLONIES.

PREMIÈRE PARTIE.

NOTICE PRÉLIMINAIRE.
MARTINIQUE. — GUADELOUPE ET DÉPENDANCES.

BIBLIOTHÈQUE ROYALE.
I

PARIS,

IMPRIMERIE ROYALE.

M DCCC XXXVII.

INTRODUCTION.

La France a possédé de nombreuses colonies dans les deux Indes. Dès avant 1789, les événements de la guerre lui en avaient fait perdre la plus grande partie; le désastre de Saint-Domingue, en 1791, l'a privée de celle-ci, qu'à bon droit on nommait *la reine des Antilles;* enfin le traité de paix de 1814, en lui ravissant Sainte-Lucie et Tabago, l'île de France et les Seychelles, a réduit ses possessions coloniales aux établissements ci-après :

EN AMÉRIQUE.

La Martinique;
La Guadeloupe;
Marie-Galante;
La Désirade;
Les Saintes;
Une partie de l'île Saint-Martin;
La Guyane française;
Saint-Pierre et Miquelon.

EN AFRIQUE.

Le Sénégal et Gorée;
Bourbon;

Sainte-Marie, près de Madagascar, et divers ports sur la grande île de ce nom.

EN ASIE.

Pondichéry et Karikal, à la côte de Coromandel;
Mahé, à la côte de Malabar;
Yanaon, à la côte d'Orixa;
Chandernagor, au Bengale.

Lors de la reprise de possession qui a eu lieu par suite des traités de 1814 et de 1815, tous ces établissements se trouvaient dans l'état le plus fâcheux: administration, justice, finances, force publique, fortifications, bâtiments militaires et civils, tout y était à recréer.

Le département de la marine y a pourvu successivement, et autant qu'il était en lui; il n'a pas mis moins de sollicitude à pourvoir aux améliorations dont la nécessité se faisait sentir dans chacune des parties du service. Le résultat de ses soins a été porté à la connaissance des Chambres, dans les rapports du ministre de la marine sur le budget de la marine et des colonies; et les rapports qui précèdent les budgets de 1827 et de 1829 ont notamment compris, sur nos colonies, des détails statistiques qui ont été lus avec intérêt. Il a paru utile de présenter de nouveau aux Chambres une statistique sommaire de nos possessions coloniales, en y ajoutant divers renseignements qui n'avaient pas encore été livrés à la publicité : c'est l'objet des présentes notices.

Puisés à des sources authentiques, les détails qu'elles présentent ne peuvent manquer d'intéresser toutes les personnes qui se livrent à un examen attentif des ressources générales du pays.

Paris, le 31 mars 1837.

NOTICE PRÉLIMINAIRE.

Sous le rapport de la *Population*, de la *Législation*, de la *Justice*, du *Gouvernement*, de l'*Administration*, de l'*Agriculture* et du *Commerce*, les colonies françaises offrent entre elles plusieurs similitudes.

Pour éviter d'avoir à répéter, dans la notice particulière consacrée à chacune de ces colonies, des faits et des considérations qui s'appliquent aux unes aussi bien qu'aux autres, on a cru devoir réunir, par nature de matières, dans une notice préliminaire, les généralités qui leur sont communes.

POPULATION.

La population permanente et sédentaire de nos colonies se compose, à la Martinique, à la Guadeloupe, à la Guyane, au Sénégal et à Bourbon, 1.° d'individus de race blanche européenne; 2.° d'individus de race noire africaine; 3.° des variétés de sang-mêlé provenant du croisement de ces deux races. On compte en outre à l'île Bourbon un certain nombre d'Indiens. Dans nos établissements de l'Inde, la population se compose de blancs, de métis et d'Indiens libres; aux îles Saint-Pierre et Miquelon, de blancs seulement. La population flottante,

Éléments dont se compo la population des colonies.

1

c'est-à-dire celle qui se renouvelle par les arrivées et par les départs, se compose du personnel civil et militaire salarié par le gouvernement, de pacotilleurs, de subrécargues, des marins composant les équipages des bâtiments du commerce et de l'État, et de personnes que des affaires de commerce ou des intérêts privés appellent passagèrement dans les colonies.

Dans nos quatre principales colonies, la population, sous le rapport de l'état social, est divisée en deux classes, celle des libres et celle des esclaves. Il y existait en outre, avant 1830, un certain nombre d'individus connus sous le nom de *patronés* et de *libres de savanes*, qui, n'appartenant à aucun maître et n'étant pas encore régulièrement affranchis, se trouvaient en dehors des classifications légales; mais il a été délivré à ces individus des titres définitifs de liberté, et l'ordonnance royale du 12 juillet 1832, en facilitant les affranchissements, a fait cesser pour l'avenir toutes les manumissions irrégulières.

Une loi du 24 avril 1833 a aboli les distinctions que la législation coloniale avait établies entre les deux classes de la population libre jusqu'alors désignées sous les dénominations de *blancs* et de *gens de couleur;* mais il n'en est pas moins du ressort de la statistique de constater quelle est en ce moment la situation respective de ces deux éléments, désormais confondus, de la population libre des colonies.

Blancs.

Exclusivement composée d'Européens ou de descendants d'Européens, l'ancienne classe blanche possède la majeure partie des terres, des capitaux et des propriétés de toute nature. Le haut commerce et les industries les plus riches sont entre ses mains.

Gens de couleur libres.

L'ancienne classe de couleur libre se compose d'individus

de sang-mêlé ou de race noire, qui sont libres, soit de naissance, soit par suite d'affranchissement personnel. La liberté de naissance est transmise par la mère, dont l'état détermine celui des enfants. La liberté résultant d'affranchissement s'acquiert par une déclaration spéciale du maître portant désistement de ses droits sur l'esclave, et par la délivrance d'un titre spécial d'affranchissement de la part de l'autorité locale, conformément aux règles établies par l'ordonnance royale du 12 juillet 1832.

Le nombre des personnes appartenant à l'ancienne classe de couleur libre tend continuellement à s'accroître, parce que les hommes de sang-mêlé qui en forment la plus grande partie sont ceux dont l'espèce est la plus vivace dans les colonies, et qu'il s'augmente d'ailleurs tous les jours, soit par le mélange des races, soit par les affranchissements.

Un petit nombre d'hommes de couleur libres de nos colonies se livrent à l'industrie agricole. La majeure partie habite les villes. Les uns y sont établis comme négociants, ou employés comme commis chez des négociants; les autres exercent des professions manuelles, telles que celles de charpentier, de menuisier, de tailleur, ou se livrent à la navigation du cabotage; d'autres, et c'est le plus grand nombre, trouvent des moyens d'existence dans la pêche ou dans l'exercice de diverses industries urbaines; quelques autres, enfin, dans la culture des vivres du pays. Toutefois, le travail de la terre est généralement antipathique aux personnes appartenant à l'ancienne classe de couleur libre, et surtout aux affranchis de fraîche date qui croiraient en s'y adonnant s'assimiler aux esclaves. Ce préjugé ne peut manquer de s'affaiblir, et même de disparaître, par suite de la nécessité où se trouvera bientôt cette nombreuse population de se rendre utile au pays et à elle-même.

Dans les villes, les nouveaux affranchis sont presque tous artisans; dans les campagnes, les uns exercent des professions mécaniques, les autres vivent de la culture d'une petite portion de terre qui leur est cédée à loyer, ou pour l'achat de laquelle ils ont pris des arrangements. L'ouvrier des villes travaille deux ou trois jours par semaine, et son salaire suffit pour le faire vivre pendant la semaine entière. Dans les campagnes, avec un travail de quelques heures par jour, l'affranchi trouve plus que sa nourriture sur la terre qu'il cultive; et la vente de l'excédant lui donne les moyens de subvenir à ses autres besoins, qui sont d'ailleurs fort restreints. En effet, quelques vêtements peu coûteux lui suffisent dans un climat où les vêtements sont plutôt une gêne qu'une nécessité; et, quant au logement, c'est lui-même qui construit et répare sa case.

Jusqu'à l'époque où les individus de couleur libres ont obtenu leur émancipation civile et politique, il y avait parmi eux peu d'unions légitimes. Le nombre des mariages est devenu depuis lors plus considérable, et la tendance à une vie régulière se manifeste d'une manière de plus en plus sensible.

L'instruction de la grande majorité des personnes de couleur peut être considérée comme nulle; mais les générations nouvelles ne resteront pas dans la même ignorance: les écoles primaires particulières, et les écoles publiques d'enseignement mutuel sont aujourd'hui fréquentées par un grand nombre d'enfants de couleur, qui montrent en général de l'aptitude.

Esclaves.   Les esclaves de nos colonies proviennent tous originairement d'Afrique. Ils n'exercent aucun droit civil ni politique. En droit, ils ne peuvent rien posséder; mais, en fait, ceux qui parviennent à acquérir quelques valeurs mobilières ou quelque argent, en disposent à leur gré et les emploient souvent au rachat de leur liberté. Le régime des esclaves est généralement doux : l'intérêt des propriétaires, autant que leur humanité, les porte à prendre un soin particulier de leurs ateliers [1]. Les travaux des noirs cultivateurs sont modérés : ils commencent au lever du soleil, cessent avec le jour, et sont d'ailleurs suspendus dans la journée pendant trois heures. En somme, la durée du travail ordinaire est, terme moyen, de neuf heures sur vingt-quatre. Le logement et la subsistance des esclaves sont convenablement assurés. Il est alloué à chaque individu de l'un ou de l'autre sexe, ou à chaque famille, un terrain qu'ils cultivent en vivres du pays pour leur usage exclusif; il leur est en outre délivré, chaque semaine, par le maître, une quantité déterminée de morue, de poisson salé, de viande salée, de riz ou de farine de manioc et de maïs, à moins que, par un arrangement qui se fait assez souvent entre le maître et l'esclave, celui-ci ne conserve, pour se nourrir au moyen de son propre travail, la libre disposition d'un jour par semaine, indépendamment du dimanche pendant lequel il n'est obligé à aucun service. Le maître ou le gérant, s'il est satisfait du travail de l'atelier, accorde d'ailleurs quelquefois aux nègres, à titre de récompense, la disposition de plusieurs *après-midi*, dans le cours de l'année.

La plupart des esclaves possèdent des volailles, des porcs, et quelquefois même du gros bétail. Les plus industrieux sont souvent logés et meublés avec quelque recherche; mais la majeure partie de leurs profits est employée à leur toilette, qui va jusqu'à un certain luxe chez beaucoup de femmes esclaves. Le maître pourvoit, du reste, à l'habillement de

1. On désigne collectivement sous le nom d'*atelier*, dans les colonies françaises, les noirs de travail de chaque habitation.

chaque esclave, par la délivrance de deux vêtements complets
tous les ans. Enfin il existe sur chaque habitation un hôpital où
les malades sont traités avec les soins que leur état exige. Les
enfants, les négresses enceintes ou nourrices, les vieillards et les
noirs infirmes sont exempts de service ou employés à des
travaux légers et toujours proportionnés à leurs forces.

L'administration a, sur tout ce qui concerne le régime des
esclaves, un droit de surveillance et de haute police qui la met
à portée de protéger efficacement les noirs, et de réprimer au
besoin les abus d'autorité [1].

LÉGISLATION.

Les colonies françaises sont régies généralement par des lois
et règlements uniformes, sinon dans tous leurs détails, du
moins dans leurs bases principales. On va résumer ici l'ensemble des dispositions qui se rapportent à ces bases, afin de
n'avoir à indiquer, dans la statistique des différentes localités,
que les modifications spéciales qui y sont en vigueur.

Régime législatif.   L'article 73 de la charte de 1814 portait : « *Les colonies
seront régies par des lois et des règlements particuliers.* »

Le mot *règlements* avait été ajouté, dans cet article, à la
teneur de l'article 91 de la constitution de l'an VIII, lequel
était ainsi conçu : « *Le régime des colonies sera déterminé
par des lois spéciales.* »

A la faveur de cette addition, la législation des colonies fut
tenue en dehors des formes constitutionnelles jusqu'à l'époque
de la révolution de 1830. Mais un changement important a
été introduit par l'article 64 de la charte de 1830, ainsi conçu :
« *Les colonies seront régies par des lois particulières.* »

[1] Voir ci-après, page 13, la section intitulée : *Législation concernant les
esclaves.*

La suppression qui a été faite, dans cet article, du mot *rè-glements*, a eu explicitement pour objet de restreindre la part que le précédent gouvernement s'était attribuée dans la législation à faire pour les colonies. La discussion qui a eu lieu à la Chambre des députés, lors de l'adoption de l'article 64, ne laisse aucun doute à ce sujet. Cependant, toutes les matières qui, en France, sont réglées par des lois, ne pouvaient pas, sans inconvénient, être réservées, pour les colonies, à la législature métropolitaine. Il fallait donc déterminer d'abord quelle serait l'étendue du domaine de la loi, ensuite quelle serait la part attribuée au gouvernement du Roi; et enfin, quelles pourraient être les matières réservées à une législature locale: c'est ce qui a été réglé par la loi du 24 avril 1833.

Cette loi, après avoir créé, à la Martinique, à la Guadeloupe, à la Guyane française et à Bourbon, une institution législative sous le nom de *Conseil colonial*, a déterminé la part respective du pouvoir législatif de la métropole, du pouvoir royal et des conseils coloniaux, dans la législation des colonies.

Le pouvoir législatif du royaume fait :

1° Les lois relatives à l'exercice des droits politiques;

2° Les lois civiles et criminelles concernant les personnes libres, et les lois pénales déterminant, pour les personnes non libres, les crimes auxquels la peine de mort est applicable;

3° Les lois qui régleront les pouvoirs spéciaux des gouverneurs, en ce qui est relatif aux mesures de haute police et de sûreté générale;

4° Les lois sur l'organisation judiciaire;

5° Les lois sur le commerce, le régime des douanes, la répression de la traite des noirs; et celles qui auront pour but de régler les relations entre la métropole et les colonies.

Il est statué par ordonnances royales, les conseils coloniaux ou leurs délégués préalablement entendus :

1° Sur l'organisation administrative, le régime municipal excepté ;

2° Sur la police de la presse ;

3° Sur l'instruction publique ;

4° Sur l'organisation et le service des milices ;

5° Sur les conditions et les formes des affranchissements, ainsi que sur les recensements ;

5° Sur les améliorations à introduire dans la condition des personnes non libres, qui seraient compatibles avec les droits acquis ;

7° Sur les dispositions pénales applicables aux personnes non libres, pour tous les cas qui n'emportent pas la peine capitale ;

8° Sur l'acceptation des dons et legs aux établissements publics.

Toutes les matières autres que celles qui sont énumérées ci-dessus rentrent dans les attributions des conseils coloniaux; il y est pourvu par des décrets que vote le conseil colonial de chaque colonie, sur la proposition du gouverneur, et qui sont soumis à la sanction du Roi.

Le conseil colonial discute et vote notamment :

Le budget intérieur de la colonie, à l'exception toutefois des allocations pour le traitement du gouverneur et pour les dépenses du personnel de la justice et des douanes, lesquelles sont fixées par le gouvernement métropolitain, et ne peuvent donner lieu qu'à des observations de la part du conseil;

L'assiette et la répartition des contributions locales.

Les décrets adoptés par le conseil peuvent être déclarés provisoirement exécutoires par le gouverneur.

Le conseil colonial donne en outre son avis sur toutes les dépenses des services militaires à la charge de l'État; il peut faire connaître ses vœux sur les objets intéressant la colonie, soit par une adresse au Roi s'il s'agit de matières réservées aux lois de l'État ou aux ordonnances royales, soit par un mémoire au gouverneur s'il s'agit d'autres matières.

La Martinique, la Guadeloupe, la Guyane française et Bourbon ont, près du gouvernement du Roi, des *Délégués* élus par les conseils coloniaux. Ces délégués, au nombre de sept, réunis à Paris en conseil, sont chargés de donner au gouvernement les renseignements relatifs aux intérêts généraux des colonies, et de suivre auprès de lui l'effet des délibérations et des vœux des conseils coloniaux. La durée des fonctions des délégués est égale à la durée des fonctions des conseils coloniaux qui les ont nommés. Tout Français âgé de 30 ans et jouissant des droits civils et politiques, peut être choisi pour délégué.

La même loi du 24 avril 1833 porte que les établissements français dans les Indes orientales et en Afrique, et l'établissement de pêche de Saint-Pierre-et-Miquelon, continueront d'être régis par des ordonnances du Roi.

Jusqu'à ce que la législation actuelle des colonies françaises ait été revisée, régularisée et complétée conformément aux dispositions qui viennent d'être relatées, ces établissements continuent d'être régis par les lois et ordonnances qui y étaient en vigueur antérieurement à la loi organique du 24 avril 1833, et qui déjà avaient été basées généralement sur la législation de

France, sauf quelques modifications qui seront indiquées ci-après.

Code civil.

Le Code civil est depuis longtemps en vigueur dans toutes nos colonies.

Les modifications principales qu'il a subies lors de sa promulgation ont eu pour objet de maintenir à la Martinique, à la Guadeloupe, à la Guyane et à Bourbon, l'ancienne législation qui soumettait la classe des hommes libres de couleur à certaines incapacités ;

Et de suspendre à la Martinique et à la Guadeloupe la mise à exécution de l'expropriation forcée. A Bourbon, l'expropriation forcée a été mise en vigueur purement et simplement; à Cayenne, il n'y a eu qu'un petit nombre de restrictions.

Il n'a encore été rien changé à ce qui concerne l'expropriation forcée ; mais, ainsi que cela a été dit plus haut, une loi du 24 avril 1833 a abrogé toutes les restrictions ou exclusions qui avaient été prononcées, quant à l'exercice des droits civils et politiques, à l'égard des hommes de couleur libres et des affranchis, et conféré, pour l'avenir, ces droits à toute personne née libre ou ayant acquis légalement la liberté dans les colonies françaises.

Successions vacantes.

Une législation spéciale a existé de tout temps aux colonies relativement aux successions vacantes. Cette partie du service public est régie par l'édit du 24 novembre 1781, qui n'a été rendu que pour les colonies d'Amérique, mais dont les dispositions ont été plus ou moins complétement appliquées à nos autres colonies.

Des dispositions propres à porter remède à quelques défectuosités de cet édit ont été adoptées. En attendant la refonte de la législation sur la matière, l'administration des successions vacantes, qui avait été confiée, aux termes de l'édit de 1781, à des curateurs en titre d'office, a été, par ordonnance royale du 16 mai 1832, remise, dans chaque juridiction de première instance, au receveur de l'enregistrement.

La loi du 14 juillet 1819, relative à l'abolition du droit d'aubaine et de détraction, a été appliquée aux colonies par une ordonnance royale du 21 novembre 1821, sous cette modification, qu'il est interdit aux étrangers d'exporter les esclaves et les objets servant à l'exploitation des habitations. *Droit d'aubaine et de détraction.*

Le Code de procédure civile métropolitain a été mis en vigueur, par des actes locaux, en 1808, à la Guadeloupe et à Bourbon; en 1818 et en 1821, à Cayenne. A la Martinique, il n'en a pas été ainsi. *Code de procédure civile.*

Postérieurement, le mode de procéder en matière civile a été réglé, en attendant l'application complète et définitive du code aux colonies, savoir : pour Bourbon, par une ordonnance royale du 26 décembre 1827; pour les Antilles, par une ordonnance royale du 19 octobre 1828. Quant à Cayenne, on y a laissé subsister jusqu'à nouvel ordre l'acte local de 1821.

Les principales modifications consacrées pour les Antilles, par l'ordonnance de 1827 précitée, ont eu pour objet de maintenir la suspension d'exécution des titres XII et XIII du Code de procédure, suspension nécessitée par celle des dispositions correspondantes du Code civil, concernant l'expropriation forcée.

La Martinique est la seule colonie où le Code de commerce n'ait point été promulgué. Cette colonie est restée soumise à l'ordonnance de 1673, qui, en matière commerciale, constituait le droit commun avant la promulgation du *Code de commerce.*

Code de commerce, et à l'ordonnance de 1681 relative à la marine.

Un règlement du Roi du 12 janvier 1717 et une déclaration du 12 juin 1745, ont établi d'ailleurs, en faveur des dettes dites de cargaison[1], un privilége qui consiste en ce que les affaires suscitées pour de pareilles dettes sont jugées sommairement dans la colonie; que les jugements rendus sont exécutoires par provision, nonobstant appel, mais en donnant caution; et qu'ils emportent la contrainte par corps. Ces dispositions sont restées en vigueur à la Martinique.

Le jugement des matières commerciales est dévolu, dans toutes les colonies, aux tribunaux ordinaires.

Les dispositions de la loi du 17 avril 1832, relatives à la contrainte par corps, ont, du reste, été déclarées applicables aux colonies françaises, par une ordonnance royale du 12 juillet 1832.

Code d'instruction criminelle et Code pénal. Le Code d'instruction criminelle et le Code pénal ont été promulgués, en 1828, dans les Antilles; en 1821 et en 1829, à la Guyane française; en 1815 et en 1827, à Bourbon. Une loi du 22 juin 1835 a déclaré applicable à ces quatre colonies, sauf quelques changements, la loi du 28 avril 1832 contenant des modifications au Code d'instruction criminelle et au Code pénal de la métropole.

Dépôt des chartes et archives de la marine et des colonies. Un édit du mois de juin 1776 a créé à Versailles, sous le nom de *Dépôt des chartes des colonies*, un établissement

---

[1] On considère comme dettes de cargaison les dettes qui sont fondées sur des comptes arrêtés ou sur des billets consentis, soit au profit du capitaine de navire de qui ont été achetées les marchandises, soit au profit du négociant gérant la cargaison pendant le séjour du navire dans la colonie.

destiné à assurer la conservation des papiers publics des colonies françaises.

C'est dans cet établissement, dont le siége vient d'être transféré dans l'hôtel du ministère de la marine et des colonies, à Paris, qu'ont été successivement envoyées des doubles expéditions ou des doubles minutes, tant des registres de l'état civil, des arrêts et jugements et des actes notariés, que des divers autres actes publics émanés des pouvoirs et autorités de nos diverses colonies, en remontant à une époque aussi ancienne que possible.

L'édit du mois de mars 1685, connu sous le nom de *Code noir*, a été, dans les colonies françaises d'Amérique, le premier acte de la législation relative à l'état et au régime des esclaves. Cet édit a été appliqué, sous quelques modifications, à l'île Bourbon, par lettres patentes du mois de décembre 1723. C'est encore aujourd'hui la loi fondamentale en cette matière. Il assure à l'esclave l'instruction religieuse. Il règle le droit de possession du maître, établit ses devoirs relativement à la nourriture et à l'entretien de l'esclave, et définit son autorité et sa responsabilité quant aux peines de discipline. Il détermine l'état de l'esclave, déclare son incapacité civile, et fixe la nature de biens à laquelle l'esclave appartient. Il pose les conditions et les formes de l'affranchissement, et trace les droits et les devoirs des affranchis. Enfin il spécifie les crimes et délits de l'esclave, et les peines dont il est passible.

Un grand nombre de dispositions du *Code noir* sont aujourd'hui tombées en désuétude, et notamment celles qui étaient empreintes d'une rigueur excessive, ou que la différence des temps et des institutions a rendues inexécutables Des modifications importantes y ont d'ailleurs été faites, soit antérieu-

Législation concernant les esclaves.

rement à 1789, soit depuis la reprise de possession des colonies, par un grand nombre d'actes et de règlements émanés du
pouvoir royal ou des autorités qui se sont succédé sur les lieux.

Parmi ces actes, on peut citer surtout une ordonnance
royale du 15 octobre 1786 qui introduisit dans la condition
et le régime des esclaves de notables améliorations, et une
ordonnance royale du 30 avril 1833 portant abolition des
peines de la mutilation et de la marque à l'égard des esclaves.

Les conditions et les formes des affranchissements sont
maintenant réglées par l'ordonnance royale du 12 juillet 1832,
dont il a été question plus haut. D'après cette ordonnance,
toute personne qui veut affranchir son esclave en fait la déclaration à l'autorité, et si, dans un délai de six mois, il n'y a ni
réclamation ni opposition, ou si les réclamations ou oppositions
sont reconnues non fondées, le noir, objet de la déclaration
d'affranchissement, est définitivement inscrit comme libre sur
les registres de l'état civil.

Une autre ordonnance royale, du 1er mars 1831, avait précédemment supprimé dans les colonies françaises toute taxe
d'affranchissement.

Trois autres ordonnances ont été rendues depuis 1830
relativement aux esclaves, savoir :

1° L'ordonnance du 4 août 1833, concernant le recense-
ment des esclaves; 2° l'ordonnance du 29 avril 1836, concernant l'affranchissement des esclaves amenés des colonies en
France; 3° l'ordonnance de même date, concernant les noms et
prénoms à donner aux esclaves qui obtiennent leur affranchissement [1].

---

[1] Ainsi qu'on l'a expliqué plus haut, pages 7 et 8, la législation relative aux
esclaves doit être fixée aujourd'hui : 1° *Par une loi*, en ce qui concerne la

JUSTICE.

L'organisation judiciaire et l'administration de la justice sont réglées dans les colonies françaises par des ordonnances royales. A la Martinique, à la Guadeloupe, à la Guyane et à Bourbon, ces ordonnances doivent être incessamment remplacées par des lois, conformément au vœu de la loi du 24 avril 1833.

La justice est aujourd'hui administrée dans les colonies françaises par des *tribunaux de paix*, des *tribunaux de première instance*, des *cours royales*, des *cours d'assises*, des *conseils d'appel*, et, en matière de commerce étranger et de douanes, par les *conseils privés*.

Les jugements en dernier ressort et les arrêts rendus par les différents tribunaux peuvent être attaqués par voie d'annulation ou de cassation dans des cas spécifiés.

Les *tribunaux de paix* connaissent, dans les colonies comme en France, des actions civiles, personnelles et mobilières, des actions commerciales et des contraventions de police.

Les *tribunaux de première instance* ont aux colonies, en matière civile, des attributions analogues à celles des tribunaux de la France continentale; mais la connaissance des délits communs correctionnels, ainsi que les mises en prévention,

spécification des crimes auxquels la peine capitale serait applicable; 2° par une *ordonnance royale*, pour la fixation des autres pénalités et pour les améliorations à introduire dans la condition des noirs.

Des travaux sur ces matières sont préparés par le département de la marine.

qui appartiennent en France aux tribunaux de première instance; sont attribuées exclusivement aux cours royales dans nos
principales colonies, et il ne reste plus dès lors aux tribunaux
de première instance d'autre attribution correctionnelle que le
jugement des délits spéciaux en matière de douanes et de
commerce étranger.

Les *cours royales* réunissent des attributions qui se trouvent réparties en France entre la cour de cassation, les cours
royales, et les tribunaux de première instances. Cours régula-
trices dans de certaines limites à l'égard des tribunaux de paix
et de police, elles siégent comme cours d'appel à l'égard des
tribunaux de première instance, et comme tribunaux correctionnels de premier et dernier ressort en matière de délits
communs; elles prononcent à la fois en chambres d'accusation
sur les mises en prévention et les mises en accusation, et fournissent exclusivement les magistrats appelés à tenir les assises.

Les *cours d'assises* connaissent, comme en France, de toutes
les affaires dont le fait, objet de la poursuite, est de nature à
emporter peine afflictive et infamante. Elles se composent de
conseillers de la cour royale et *d'assesseurs* choisis parmi les
habitants qui réunissent les conditions exigées.

Une ordonnance royale du 15 avril 1831 a établi le libre
exercice, dans les colonies françaises, de la profession d'avocat,
qui y avait été jusqu'alors exclusivement exercée par les
avoués.

Les *conseils privés* [1] se constituent en conseil du contentieux administratif pour le jugement des matières analogues à
celles qui sont déférées en France aux conseils de préfecture.

---

[1] Voir, dans la notice relative à chaque colonie, la constitution du conseil
privé.

Les décisions qu'ils rendent sur ces matières sont susceptibles, de recours au conseil d'état. Les conseils privés prononcent en outre, sauf recours en cassation, sur l'appel des jugements rendus par le tribunal de première instance, en ce qui touche les contraventions aux lois, ordonnances et règlements sur le commerce étranger et sur le régime des douanes.

Une ordonnance royale du 31 août 1828 a réglé le mode de procéder devant les conseils privés des colonies.

GOUVERNEMENT ET ADMINISTRATION.

Dans chacune de nos colonies, le commandement général et la haute administration sont confiés à un fonctionnaire, militaire ou civil, qui reçoit le titre de *gouverneur*.

Des *chefs d'administration* dirigent, sous ses ordres, les différentes parties du service.

Un *inspecteur colonial* y veille à la régularité du service administratif et requiert à cet effet l'exécution des lois, ordonnances, décrets coloniaux et règlements.

Un *conseil privé*, placé près du gouverneur, éclaire ses décisions.

AGRICULTURE.

Lorsque les possessions coloniales de la France lui furent restituées en exécution du traité de paix de 1814, leur situation était loin d'être prospère. Après avoir subi d'une manière plus ou moins préjudiciable les influences de la révolution française, chacune d'elles avait eu à supporter les désastres d'une attaque à main armée, et, en définitive, d'une domination étrangère. Envahies par l'Angleterre (à l'exception de la Guyane française, qui fut prise par une expédition anglo-portugaise et resta entre les mains des Portugais), et traitées par cette puissance comme

2

pays conquis, elles n'avaient point été admises à jouir des privilèges que les lois britanniques accordent aux colonies anglaises. Leurs productions n'avaient été reçues dans les ports de la Grande-Bretagne qu'en payant les mêmes droits que les provenances des pays étrangers. Repoussées ainsi de la consommation du Royaume-Uni par des surtaxes prohibitives, leurs récoltes n'avaient eu que des débouchés difficiles et tellement désavantageux, que quelquefois le produit de la vente des denrées se trouvait absorbé par le montant des frais. Un tel état de choses prolongé pendant plusieurs années, avait eu nécessairement les plus fâcheuses conséquences pour l'agriculture du pays.

Le gouvernement français, en recouvrant ses colonies, sentit le besoin d'y ranimer l'industrie agricole. Il s'occupa de seconder l'émulation, les sacrifices et les efforts des habitants, en propageant la connaissance des bonnes méthodes de culture et celle des procédés économiques dont l'application pouvait surtout diminuer le travail des hommes, travail important à épargner depuis l'abolition de la traite des noirs. Il envoya dans chacun de ces établissements des modèles d'instruments aratoires et, entre autres, des charrues de plusieurs sortes; et il y fit transporter, de diverses contrées lointaines, des plants de cannes à sucre et de caféiers, pour renouveler les espèces dégénérées. Il fit exécuter simultanément, à Paris, par des chimistes et des industriels habiles, des expériences nombreuses sur le jus de canne, à l'effet de parvenir à des améliorations réclamées par le commerce français dans la fabrication du sucre de nos colonies; et il favorisa l'introduction de moulins à vapeur propres à diminuer l'emploi des bras dans cette fabrication.

Pendant que le gouvernement accomplissait ainsi ses vues de

perfectionnement, les colons entraient avec empressement dans la voie des progrès agricoles et adoptaient successivement toutes les améliorations qu'exigeait le développement donné à leurs exploitations. Leurs efforts furent favorisés d'une manière efficace par la législation, qui, en 1822, régla les droits différentiels à payer par les denrées coloniales à leur entrée dans la consommation du royaume, suivant leur origine nationale ou étrangère.

L'objet principal de l'agriculture de nos colonies est la production de certaines denrées dites coloniales, notamment du sucre et du café. Cette production constitue la véritable richesse territoriale du pays, dont les produits sont annuellement exportés.

Les cultures coloniales diffèrent essentiellement des cultures de France. Le café, et surtout le sucre, exigent l'emploi d'un grand nombre de travailleurs; et encore faut-il que, suivant les besoins du moment, l'état de l'atmosphère ou toute autre circonstance locale, ces travailleurs puissent être simultanément appliqués à des travaux de différente nature, tels que la culture des terres, la manipulation des produits, etc. La subdivision des propriétés, si avantageuse en France, serait, dans nos colonies à sucre et à grandes cultures, très-préjudiciable aux intérêts agricoles. En effet, pour faire dix barriques de sucre, par exemple, il faudrait, en bêtes de somme et de trait, en moulins, en chaudières et autres ustensiles, à peu près la même dépense d'installation et d'entretien annuel que pour en faire cent. La différence entre les grandes manufactures et les petites ne consiste que dans le plus ou le moins de bâtiments accessoires, de terres ou d'esclaves; et lorsqu'une propriété n'a pas au moins 50

arpents, il devient même impossible de l'exploiter comme
sucrerie.

COMMERCE.

On n'entreprendra pas de développer ici la théorie du commerce colonial, tel qu'il a été pratiqué par la France depuis
qu'elle a fondé ou possédé des établissements outre-mer.
Mais il n'est pas hors des limites de cette notice de rappeler
sommairement l'origine du commerce colonial, ses modifications
successives, et les conditions générales qui le régissent aujour-
d'hui. Il ne restera plus alors à indiquer, pour chaque colonie
en particulier, que les règles spéciales auxquelles elle est soumise et les renseignements commerciaux qui lui sont propres.

On sait que les principaux motifs qui, indépendamment des
considérations d'intérêt politique, déterminèrent l'établissement
des colonies françaises, furent: 1° de procurer aux produits du sol
et de l'industrie du royaume des débouchés qui pussent leur
être constamment ouverts, et qui fussent indépendants de la
mobilité des dispositions des puissances étrangères à l'égard
de la France; 2° d'assurer à ces produits des marchés à l'abri de
toute concurrence étrangère; 3° d'obtenir, par voie d'échange et
sans exportation de numéraire, des denrées que la France ne
produit pas et qui sont nécessaires à sa consommation; et de
soustraire ainsi notre commerce à l'obligation de recourir à l'é-
tranger pour s'approvisionner de ces denrées; 4° enfin, de donner de l'emploi à la navigation nationale et aux industries qui
s'y rattachent.

Comme les établissements coloniaux devaient remplir d'autant
mieux leur destination, qu'ils consommeraient plus de produits
français et qu'ils livreraient à leur métropole une plus grande

quantité de denrées de leur crû, en même temps que l'on favorisa l'agriculture coloniale qui devait produire les denrées destinées à servir d'aliment à nos échanges, on réserva exclusivement à la France le droit d'approvisionner ses colonies de tous les objets dont elles auraient besoin, et l'on exigea de ces établissements qu'ils ne vendissent leurs récoltes qu'à la métropole. On leur défendit en outre d'élever les denrées récoltées à l'état de produit manufacturé; et l'on réserva, de plus, à la navigation nationale, le transport de tout ce qui servirait aux échanges entre les colonies et la France.

Ces principes furent dès l'origine la base du commerce des colonies à cultures, comme de celui des simples comptoirs d'échange, soit aux époques où ces établissements étaient exploités par des compagnies, soit dans la période postérieure, où l'État rentra en possession directe de leur administration.

Ce fut toutefois aux divers établissements de la France dans l'archipel des Antilles, que ce régime d'exclusif réciproque fut appliqué avec le plus de suite et d'uniformité. Ainsi, Saint-Domingue, la Martinique, la Guadeloupe et les autres îles françaises d'Amérique y furent soumises d'une manière absolue, tant que la métropole put subvenir à leurs besoins de toute espèce. Les dispositions prohibitives qui réglèrent leurs relations commerciales pendant cette période se trouvent principalement consignées dans un règlement du roi, en date du 20 août 1698, et dans des lettres patentes du mois d'octobre 1727.

Mais la France ayant perdu le Canada en 1761 et cédé la Louisiane en 1762, les Antilles cessèrent d'être suffisamment approvisionnées de certains objets de première nécessité, tels qu'animaux vivants, bois de constructions, etc., et elles manquèrent de débouchés pour leurs sirops et leurs tafias.

La législation commerciale de ces îles subit dès lors quelques modifications. Le principe en fut maintenu; mais, par exception à ce principe, les navires étrangers furent autorisés à se rendre dans certains ports des Antilles, à y importer des denrées ou marchandises spécifiées, et à en exporter des sirops et des tafias.

Le nombre des ports ouverts au commerce étranger licite, et les espèces de marchandises étrangères susceptibles d'y être admises, varièrent de 1763 à 1778. Les principaux actes du gouvernement qui, pendant cette période de temps, réglèrent le commerce légal de nos îles d'Amérique, furent : trois mémoires du Roi des 18 avril et 15 août 1763 et du 25 janvier 1765, un arrêt du conseil d'état du 29 juillet 1767, une ordonnance du Roi du 1er avril 1768, et un arrêt du conseil d'état du 3 juin 1769.

Pendant la durée de la guerre de 1778 à 1783, les bâtiments neutres furent successivement admis, repoussés, et réadmis dans nos colonies d'Amérique.

Après le rétablissement de la paix, les relations commerciales de ces îles furent replacées sous un régime légal par un arrêt du conseil d'état du 30 août 1784. Cet acte, conçu dans le même esprit que ceux qui avaient été rendus sur la matière de 1763 à 1769, eut pour objet de déterminer les exceptions admises relativement au régime de l'exclusif établi en faveur de la métropole. Ses dispositions constituèrent la législation commerciale des Antilles, jusqu'à l'époque récente où cette législation a été fixée de nouveau par une ordonnance royale du 5 février 1826. Il est inutile de dire que l'arrêt du conseil d'état du 30 août 1784 cessa d'être exécuté durant les troubles et les guerres qui eurent lieu de 1790 à 1814.

Quant à l'île Bourbon et à la Guyane française, arrivées

beaucoup plus tard à l'état de colonies agricoles, elles n'ont point participé à cette législation, et l'exposé qui précède n'est pas entièrement applicable à leur régime commercial antérieur et actuel. C'est ce qui sera expliqué dans les notices particulières concernant ces deux colonies. La même observation s'applique à nos comptoirs de l'Inde et de l'Afrique.

On réserve également, pour les notices particulières de la Martinique et de la Guadeloupe, l'analyse détaillée des dispositions de l'ordonnance précitée du 5 février 1826. On donne seulement ici, comme renseignement général, un extrait des tarifs de France indiquant les droits d'entrée perçus dans la métropole sur les principales denrées admises au privilége colonial, et les droits qui frappent ces mêmes denrées lorsqu'elles arrivent de l'étranger.

DÉSIGNATION DES PROVENANCES.		SUCRE. (par 100 kilog.)			CAFÉ. (par 100 kilog.)	COTON EN LAINE. (par 100 kilog.)	CACAO. (par 100 kilog.)	GIROFLE. (par kilog.)	
		brut autre que blanc.	brut blanc.	terré de toutes nuances.				Clous.	Griffes.
IMPORTATIONS par navires français	de la Martinique et de la Guadeloupe.....	45f 00c	60f 00c	70f 00c	60f	5f	40f	0 75c	0 18c
	de la Guyane française.....	45 00	60 00	70 00	60			0 60	0 15
	de Bourbon....	38 50	53 50	61 00	50			0 50	0 12
IMPORTATIONS étrangères par navires français	de l'Inde........	80 00		90f	78	10	"	1 00	0 25
	d'ailleurs, hors d'Europe....	85 00		95	95	20	55	1 80	0 45
	des pays à l'ouest du cap Horn..	" "		"	"	"	50	"	"
	de Turquie.....	" "		"	"	15	"	"	"
	des entrepôts...	95 00		105	100	"	95	2 00	0 50
Importations par navires étrangers et par terre................		100 00		120	105	25 et 35	105	3 00	0 75

Quelques autres productions de nos colonies, telles que le *rocou*, le *poivre*, le *piment*, les *gommes*, etc., sont égalementment admises en France avec une modération de droits propre à leur assurer un privilége sur les similaires étrangers. Ces produits étant particuliers à certaines colonies, on renvoie aux notices qui concernent chacune d'elles, pour l'indication de cette partie des tarifs de la métropole.

La différence établie par les tarifs entre les droits imposés sur les provenances de nos colonies et ceux qui sont imposés sur les provenances étrangères, constitue la protection dont les premières ont besoin pour être vendues sur nos marchés de préférence aux produits étrangers.

Cette protection n'existe d'ailleurs qu'en vertu d'un principe de réciprocité, puisque les productions du sol et de l'industrie du royaume jouissent, pour la plupart, dans nos colonies, du privilége exclusif de la consommation; et que le petit nombre de marchandises étrangères susceptibles d'y être admises ne peut être fourni par la France, ou se trouve grevé, à l'entrée dans nos colonies, de droits suffisants pour préserver les similaires nationaux de toute concurrence avantageuse.

Il est d'ailleurs de toute équité que des produits créés par des Français sur un territoire français obtiennent, sur nos marchés, la protection qui leur est nécessaire pour les défendre contre l'invasion de produits étrangers analogues. C'est d'après le même principe qu'a été établi le régime protecteur à l'abri duquel vivent encore la plupart des industries françaises. Il est même à observer que les établissements français d'outre-mer sont, sous ce rapport, moins favorisés que les départements de la France continentale, puisque ceux-ci peuvent tirer de l'étranger beaucoup d'objets de consommation que les autres ne doivent recevoir que de la mère patrie, et que ce monopole est la principale cause de l'élévation des frais de production qui empêchent nos produits coloniaux de soutenir la concurrence avec les produits des colonies étrangères.

C'est comme conséquence des mêmes principes que les colons demandent aujourd'hui que le sucre indigène et le sucre colonial soient soumis à des charges égales, afin de rendre pareille la condition de ces deux denrées sur le marché national.

NOTICE STATISTIQUE

SUR

LA MARTINIQUE.

CHAPITRE PREMIER.

INTRODUCTION HISTORIQUE.

L'île de la Martinique, située à l'entrée du golfe du Mexique dans la partie orientale de l'archipel des Petites-Antilles, fut découverte, en 1493, par les Espagnols, qui n'y firent aucun établissement. La race caraïbe la peuplait seule alors.

Découverte
de l'île
et fondation
de la colonie

Vers le milieu de l'année 1635, M. d'Enambuc, gouverneur français de Saint-Christophe, fit choix de cent hommes de cette dernière colonie, braves, bien acclimatés et pourvus de tout ce qui était nécessaire pour former des habitations. Il aborda avec eux sur la côte occidentale de la Martinique, à une demi-lieue environ de l'emplacement où s'éleva plus tard la ville de Saint-Pierre, et prit possession de l'île, au nom de la *Compagnie des îles de l'Amérique*, qui, dès le 31 octobre 1626, avait obtenu du gouvernement la propriété et le commerce exclusif, pendant vingt années, de toutes les îles du Nouveau-Monde, qu'elle mettrait en valeur.

Expulsion des Caraïbes.

Les Caraïbes ne s'étaient pas opposés d'abord à l'établissement des Français à la Martinique, mais ils ne tardèrent pas à leur faire une guerre acharnée; et ce ne fut qu'en 1658, après avoir tué ou expulsé la plus grande partie de ces Indiens, que les nouveaux colons purent jouir de quelque tranquillité. En 1664, il n'en restait presque plus dans l'île.

Vente de l'île.

La compagnie des îles de l'Amérique, n'ayant pas retiré de l'exercice de son privilége les avantages qu'elle en attendait, se vit obligée de vendre ces îles. M. Duparquet, qui avait été nommé en 1637 gouverneur particulier et sénéchal de la Martinique, acheta celle-ci en 1651, avec Sainte-Lucie, la Grenade et les Grenadins, pour une somme de 60,000 livres; et il en devint le possesseur absolu, sans cesser pourtant de reconnaître l'autorité souveraine du roi.

Rachat de l'île par le Gouvernement, et sa cession à la compagnie des Indes-Occidentales.

En 1664, la Martinique fut vendue pour le compte des mineurs Duparquet. Le gouvernement métropolitain la racheta au prix de 120,000 livres, et céda ses droits à la *Compagnie des Indes-Occidentales*, qu'un édit du mois de mai de la même année venait de créer, et qui devait avoir, pendant quarante ans, le droit exclusif de commerce et de navigation dans les mers de l'Amérique. Cette compagnie ne réussit pas mieux que la précédente. Les mesures qu'elle adopta excitèrent le mécontentement des colons de la Martinique. Des troubles éclatèrent à plusieurs reprises dans la colonie, et ne purent être réprimés qu'avec peine. Il parait même que les habitants songeaient à secouer le joug qui pesait sur eux, lorsque, à la fin de 1674, le gouvernement de la métropole, mieux éclairé sur les véritables intérêts du commerce, supprima la compagnie.

A dater de 1675, la Martinique fut définitivement réunie au domaine de l'État, et tous les Français sans distinction eurent la liberté de s'y fixer.

Réunion définitive de la Martinique au domaine de l'État.

Les colons de l'île formaient alors deux classes. La première se composait de ceux qui étaient venus de France à leurs frais; on les appelait *habitants*; le gouvernement local leur distribuait des terres en toute propriété, moyennant une redevance annuelle en tabac ou en coton, laquelle fut plus tard convertie en un impôt payable en sucre.

Premiers colons.

L'autre classe se composait d'Européens attirés aux îles par l'espoir d'y faire fortune, et qui, sous le titre *d'engagés*, étaient contraints de travailler pendant trois années consécutives sur les plantations des colons qui avaient payé les frais de leur passage. A l'expiration de l'engagement, les engagés recevaient pour la plupart des concessions gratuites de terres, dont l'étendue (réduite plus tard à moitié) était de 1,000 pas de longueur sur 200 de largeur. Tout entretien d'engagés cessa en 1738.

Engagés blancs.

L'introduction de noirs d'Afrique à la Martinique, par le moyen de la traite, avait suivi de près l'occupation de l'île et créé une nouvelle classe de cultivateurs, dont l'esclavage remplaça la servitude des engagés blancs. En 1736, la population esclave de la colonie ne s'élevait pas à moins de 72,000 noirs de tout âge et de tout sexe.

Noirs esclaves.

Les colons de la Martinique s'étaient d'abord uniquement occupés de la culture du tabac et du coton. Bientôt ils y avaient joint celle du rocou et de l'indigo. La culture de la canne à sucre ne commença que vers l'an 1650. Quant à celle du cacao, entreprise dix ans plus tard, elle ne reçut quelque développe-

Cultures.

ment qu'à partir de 1684; mais, en 1727, un tremblement de terre ayant fait périr presquetous les cacaoyers, la culture de cet arbre ne s'est jamais relevée depuis lors à la Martinique. Elle fut remplacée par celle du caféier, dont la colonie doit le premier plant au généreux dévouement de M. Desclieux, qui l'y introduisit en 1723.

Prospérité agricole et commerciale de la colonie.

La colonie n'avait fait encore que peu de progrès à la fin du XVII° siècle; mais après le traité d'Utrecht, conclu le 11 avril 1713, et qui enleva à la France le Canada, Terre-Neuve, l'Acadie et la baie d'Hudson, la sollicitude du gouvernement se porta sur les colonies qui lui restaient. Les Antilles devinrent surtout l'objet de sa protection. Affranchie en 1717 des droits excessifs qui avaient d'abord été établis sur ses produits, la Martinique vit son agriculture et son commerce prendre de grands développemens. Grâce à son heureuse situation et à la sûreté de ses ports, elle devint le chef-lieu et le marché général des Antilles françaises. C'était à la Martinique que les îles voisines vendaient leurs productions et achetaient les marchandises de la métropole. L'Europe ne connaissait que la Martinique; et durant plus d'un siècle la Guadeloupe et les autres îles françaises de l'archipel des Antilles demeurèrent dans la dépendance de la Martinique. En 1736, le montant des exportations de la colonie en denrées coloniales ne s'élevait pas à moins de 16 millions de livres tournois; à la même époque, les ports de France expédiaient jusqu'à 200 bâtiments par an pour la Martinique; et les rapports commerciaux de la colonie avec les autres îles du Vent, avec les côtes de l'Amérique espagnole et avec les colonies du nord de l'Amérique, jetaient annuellement une somme de 18 millions dans la circulation de l'île.

La guerre de 1744 arrêta le cours de ces prospérités. Elle porta tous les capitaux des colons de la Martinique vers l'armement des corsaires, et fit négliger considérablement les cultures. Les succès maritimes de la colonie furent glorieux sans doute durant cette guerre; ils lui procurèrent même des prises fort importantes, puisqu'on porte à 30 millions la valeur des 950 bâtiments que ses corsaires enlevèrent à l'ennemi; mais en définitive ces riches captures ne compensèrent pas les dommages réels que la colonie avait éprouvés dans son agriculture et son commerce.

Les sept années de paix qui suivirent le traité d'Aix-la-Chapelle, conclu en 1748, ne suffirent point à la Martinique pour réparer ses pertes; et les dettes qu'une suite de calamités l'avait forcée de contracter pesaient encore sur elle, lorsque la guerre de 1755 éclata. Le 13 février 1762, les Anglais s'emparèrent de l'île, qu'ils gardèrent seize mois. Le traité de Versailles, de juillet 1763, en stipula la restitution à la France; mais il réserva aux Anglais l'île de la Dominique, et cet abandon eut pour le commerce de la Martinique les conséquences les plus fâcheuses.

La fréquence des attaques dont la Martinique avait été l'objet, détermina le gouvernement à y élever des fortifications qui donnassent le temps de recevoir des secours de la métropole. C'est dans ce but que fut commencé vers 1763 la construction du Fort-Bourbon. Ce fort, situé sur un morne, à 1,200 mètres du Fort-Royal, ne coûta pas moins de 10 millions.

Les quinze années qui précédèrent la guerre de l'indépendance américaine permirent aux cultures et au commerce de la Martinique de refleurir. Cette guerre elle-même rendit aussi à la colonie une partie du lustre et de l'importance qu'elle avait perdus. La superbe baie du Fort-Royal devint, en 1778, le centre des opérations maritimes des flottes françaises, et la Martinique participa ainsi à la gloire de nos armes sans avoir à souffrir des calamités de la guerre.

La paix de 1783 donna un nouvel essor à sa prospérité agricole et commerciale. En 1790, les exportations de la Martinique s'élevèrent à la somme de 31,465,043 livres tournois (dont 30,246,286 livres, en denrées coloniales importées en France par 104 navires [1]), et les importations dans la colonie à 12,538,496 livres tournois (dont 10,442,137 livres, en marchandises françaises importées directement des ports de France par 112 navires), ce qui porte le mouvement commercial de l'année 1790, à 44,003,539 livres tournois [2]. La

---

[1] Voici les quantités des principales denrées importées de la Martinique en France, en 1790 :

	livr. pesant.	livr. pesant.
Sucre brut............	2,678,800	
——terré blanc........	11,261,500	26,915,700
—— commun et tête....	12,975,400	
Café....................		9,611,200
Cacao...................		689,100
Coton...................		991,700

La conversion du sucre brut en sucre terré et en sucre tête occasionnant un déchet de plus du tiers, il en résulte que les 26,915,700 livres de sucre exportés en 1790 correspondaient à environ 40 millions de livres de sucre brut. Depuis lors, la production du sucre s'est augmentée d'un tiers à la Martinique ; mais on n'y fait plus que du sucre brut. La valeur des denrées a d'ailleurs diminué de plus de moitié ; et enfin les exportations en café, coton et cacao sont devenues presque nulles. C'est ce qui explique comment la valeur actuelle des exportations de la colonie est inférieure à celles des produits exportés en 1790.

[2] En distinguant le commerce avec la France du commerce avec l'étranger, ce chiffre offre les résultats suivants :

population libre et esclave se composait, au 1ᵉʳ janvier de la même année, de 99,284 individus[1].

La révolution de 1789 et les événements qui la suivirent eurent leur contre-coup à la Martinique. Un décret de l'Assemblée nationale déclara d'abord les hommes de couleur égaux aux blancs; la Convention proclama bientôt la liberté des noirs. La guerre civile éclata dans la colonie, le commerce fut interrompu, les cultures abandonnées, et des émigrations considérables eurent lieu.

Effets de la révolution de 1789.

Les Anglais vinrent à cette époque attaquer la Martinique. Ils y débarquèrent, le 3 février 1794, 15,000 hommes et 90 bouches à feu. Après plusieurs combats, le général Rochambeau, commandant général des îles du Vent, se retira avec 600 hommes dans le fort Bourbon; et ce ne fut que le 22 mars, au bout de trente-deux jours de siége et de bombardement qu'il consentit à capituler; la garnison du fort se trouvait alors réduite de moitié par le feu de l'ennemi.

Occupation anglaise de 1794 à 1802, et de 1809 à 1814.

La domination anglaise à la Martinique dura huit années.

Commerce avec la France.	Importations de la Martinique en France....	livr. tournois. 30,246,286	livr. tournois.
	Exportations de France à la Martinique......	10,442,137	40,688,423
Commerce avec l'étranger.	Exportations de la Martinique pour l'étranger.	1,218,757	
	Importations de l'étranger à la Martinique..	2,096,359	3,315,116
	TOTAL..........		44,003,539

[1] Blancs........		10,635
Gens de couleur libres........		5,235
Esclaves........		83,414
TOTAL........		99,284

La paix d'Amiens amena, en 1802, la restitution de l'île à la France; mais la guerre ne tarda pas à éclater. Les Anglais attaquèrent de nouveau la Martinique avec 15,000 hommes et une artillerie formidable. Le fort Bourbon résista vingt-sept jours entiers, malgré le plus effroyable bombardement; au bout de ce temps, la garnison fut forcée de capituler; et, le 24 février 1809, la Martinique retomba au pouvoir des Anglais.

Restitution de la Martinique à la France en 1814.

En exécution du traité de Paris du 30 mai 1814, les Anglais évacuèrent la Martinique du 2 au 9 décembre de la même année. Ils y reparurent un instant en 1815 et en occupèrent même les forts à titre d'auxiliaires jusqu'au mois d'avril 1816; mais le traité de novembre 1815 fit rentrer définitivement la Martinique sous la domination française.

Progrès agricoles et commerciaux de la colonie, de 1814 à 1835.

A dater de cette époque, l'agriculture et le commerce de la colonie entrèrent dans des voies de progrès. Les rapprochements suivants, établis entre les premières années de la reprise de possession et l'année 1835, donneront une idée précise des progrès obtenus.

ANNÉES.	NOMBRE D'HECTARES DE TERRES EN CULTURE.						
	Sucre.	Café.	Coton.	Cacao.	Épiceries.	Vivres.	TOTAL.
1816..............	15,684	4,000	435	638	2	7,645	28,404
1835..............	21,179	3,082	178	492	//	13,389	38,320
Augmentation........	5,495	//	//	//	//	5,744	9,916
Diminution..........	//	918	257	146	2	//	//

ANNÉES.	COMMERCE.										
	MOUVEMENTS DU COMMERCE AVEC LA FRANCE.			PRINCIPALES EXPORTATIONS DE LA COLONIE POUR FRANCE.							
	Importations de la colonie en France.	Exportations de France dans la colonie.	TOTAL.	Sucre brut.	Sucre terré.	Tafia.	Café.	Cacao.	Coton.	Épiceries.	Bois de teinture.
1818.......	15,412,567	9,186,808	24,599,375	14,041,059	2,730,147	1,574,690	805,526	250,036	204,691	2,626	154,240
1835.......	16,244,440	16,710,248	32,954,688	24,374,470	4,135	506,713	298,080	98,386	2,009	59,984	1,381,895
Augment^n.	831,873	7,523,440	8,355,313	10,333,411	//	//	//	//	//	57,358	1,227,655
Diminution..	//	//	//	//	2,726,082	1,067,977	507,446	151,650	202,682	//	//

CHAPITRE II.

TOPOGRAPHIE.

Situation géographique.

L'île de la Martinique est située dans l'Océan atlantique, et fait partie du groupe des *îles du Vent*. Elle gît entre 14° 23' 43" et 14° 52' 47" de latitude N. et entre 63° 6' 19" et 63° 31' 34" de longitude O. du méridien de Paris, à 12 lieues S. E. de la Dominique, à 8 lieues N. de Sainte-Lucie, et à 25 lieues S. E. de la Guadeloupe.

On évalue approximativement sa distance du port de Brest, à 1,270 lieues marines de 20 au degré [1].

Étendue.

La plus grande longueur de l'île est de 16 lieues, et sa largeur moyenne d'environ 7 lieues. Sa circonférence est de 45 lieues, non compris les caps, dont quelques-uns s'avancent de 2 à 3 lieues dans la mer, et de 80 lieues, y compris ces caps.

Sa superficie est de 98,782 hectares. Un tiers de l'île environ est en plaines, et le reste en montagnes.

Configuration.

La Martinique est de forme irrégulière : elle offre l'aspect de deux péninsules, unies par l'isthme qui est entre le cul-de-sac François et le cul-de-sac Royal; le terrain s'élève graduellement depuis le rivage jusqu'au centre, où sont les montagnes. Chacune de ces péninsules paraît avoir été formée par les éruptions de plusieurs volcans. Celle du N., où étaient situés les foyers les plus actifs, a une circonférence de 26 lieues; celle du

---

[1] En calculant sur 40 lieues par jour, la traversée de France à la Martinique est de trente-deux jours environ.

S., qui contient les foyers les plus anciens, a une circonférence de 42 lieues.

On compte à la Martinique six volcans éteints, qui sont :
les *Pitons-du-Carbet*, la *Montagne-Pelée*, les *Roches-Car-* Montagnes.
rées, la *Montagne-du-Vauclin*, le *Cratère-du-Marin*, et
le *Morne-la-Plaine*. C'est à leurs éruptions que les montagnes et autres aspérités de l'île doivent leur origine. Lorsque
les reliefs des hauteurs ont gardé la forme conique, on leur a
donné en général le nom de *pitons*. Ce nom correspond à celui
de *pic*, dont on se sert dans les Indes orientales, et à celui de
puy, employé dans le midi de la France. La dénomination
de *mornes* a été particulièrement donnée aux collines formées
par les courants de lave que les volcans secondaires ont pro-
jetés autour d'eux, et qui sont aujourd'hui couverts de forêts.

Voici la hauteur au-dessus du niveau de la mer de quel-
ques-unes des montagnes les plus élevées de la Martinique :

Montagne-Pelée.	1,350^{mètres}
Pitons-du-Carbet (le plus élevé des trois).	1,207
Pitons-de-la-Soufrière...................	700
Vauclin.	505
Diamant.	478

On compte à la Martinique 75 rivières, que grossissent de
nombreux ruisseaux. Les principales sont : Rivières.

Au vent de l'île : *le Lorrain*, qui se jette dans la mer en
deux bras fort distincts, le *Lorrain* et le *Masse* ; le *Galion* ;
la *Capote* ; la *Falaise*, qui se jette dans la *Capote* ; la *Rivière
du Macouba* ; la *Rivière de la Grand'Anse* ; et la *Rivière
de Sainte-Marie*.

Sous le vent : *la Rivière-Salée, la Lézarde, la Jambette,
la Rivière-Monsieur, la Rivière-Madame*, qui passe au *Fort-*

Royal, la Rivière-du-Carbet, la Rivière-du-Fort-Saint-Pierre, qui passe à Saint-Pierre, et *la Rivière-de-Case-Navire.*

L'étendue du cours des rivières de la Martinique n'est souvent que d'une lieue et n'excède jamais 6 à 7 lieues; leur pente est de 11 à 12 centimètres par mètre dans la région moyenne des montagnes; et leur profondeur, de 67 centimètres à 1 mètre, lorsque leurs eaux ne sont point enflées par les pluies de l'hivernage. Presque toutes sont profondément encaissées entre des escarpements de rochers qui ont depuis 20 jusqu'à 100 mètres de hauteur dans la région des bois. Elles prennent leur source vers les sommets des montagnes; et, lorsque les pluies de l'hivernage les ont grossies, elles descendent de ces hauteurs en torrents qui déracinent et entraînent les arbres sur leur passage et roulent avec leurs eaux des blocs de basalte d'un volume considérable.

Parmi ces rivières, il n'y a de navigables que *la Rivière-Pilote, la Rivière-Salée, la Rivière-du-Lamentin, la Rivière-Monsieur* et *la Rivière-Madame.* Dans la partie inférieure de leur cours, elles servent au transport des denrées chargées sur les embarcations du pays; les portions navigables de ces rivières appartiennent même aux eaux de la mer, qui, en pénétrant au milieu des terres, forment des espèces de canaux où leur cours aboutit.

Sur un grand nombre d'habitations, on emploie les eaux des rivières comme moteurs pour faire tourner les moulins à sucre. Ces eaux sont toutes fort salubres.

Sources minérales.

Il existe plusieurs sources d'eaux minérales à la Martinique. On en cite particulièrement deux, l'une qui prend naissance au bas de la Montagne-Pelée, l'autre dans les pitons du Fort-Royal. Cette dernière est très-fréquentée; les eaux en sont chaudes; l'analyse chimique y a fait reconnaître la présence du muriate et du carbonate de soude, de la silice, et des carbonates de magnésie, de chaux et de fer. Les eaux de ces diverses sources minérales sont surtout recommandées aux malades atteints d'affections cutanées et d'hépatites, ainsi qu'aux personnes qui souffrent encore de blessures ou de fractures anciennes.

Les montagnes qui forment le centre de la Martinique sont pour la plupart ceintes de forêts presque impénétrables, dont l'étendue est évaluée au quart environ de la superficie de l'île [1].

Forêts.

Parmi les grands et beaux arbres dont elles se composent, les plus nombreux sont les gommiers, les balatas, les fromagers, les figuiers sauvages et les courbarils.

Les forêts du Carbet, qui ont au moins 6 lieues de longueur, sont particulièrement citées comme renfermant les arbres les plus beaux. Leur élévation au-dessus du niveau de la mer varie de 4 à 600 mètres.

Le sol de la Martinique, formé par des éruptions volcaniques, n'est point partout de même nature. Dans le voisinage de *la Montagne-Pelée*, du *Morne-Rouge* et de *la Calebasse*, et dans les quartiers du Macouba et de la Basse-Pointe, il se compose de pierres-ponces, qui, réduites en parcelles et mêlées au détritus des végétaux, forment une terre végétale légère, mais assez fertile. Le sol du Prêcheur, de Saint-Pierre et du Carbet, est à peu près de même nature. Les terres de la Trinité et de la partie méridionale de l'île sont grasses, fortes et argileuses. Dans la partie du N. O., le sol est au contraire aride et pierreux.

Sol

---

[1] Voir ci-après, dans le chapitre X, *Cultures et autres exploitations rurales*, le nombre d'hectares occupés par les bois et forêts dans chaque quartier de la colonie.

La zone des cultures s'étend depuis le rivage jusqu'à une hauteur de 400 mètres. Les caféiers forment des quinconces qui occupent ordinairement la crête des mornes et la pente supérieure de leurs versants ; les cotonniers s'élèvent en taillis sur les terrains qui se refusent à de plus riches productions ; enfin, les champs de cannes à sucre couvrent les plaines d'alluvions, le fond des vallées et les coteaux les moins escarpés.

En 1835, le sol de la Martinique se trouvait ainsi réparti :

Cultures..........................	38,320 hectares.
Savanes..........................	21,772
Bois et forêts....................	23,387
Terrains non cultivés.............	15,303
Total.............	98,782

Les terres cultivées forment ainsi près des deux cinquièmes du territoire de la colonie.

Côtes, rades, baies, anses, etc. Les côtes de la Martinique sont bordées en plusieurs endroits par des escarpements à pic, notamment autour de la partie septentrionale et de la péninsule occidentale.

Dans la partie orientale, située au vent de l'île, les bords de la mer sont généralement d'un accès difficile, à cause des immenses bancs de roches madréporiques qui obstruent la plupart des anses et ports qui y existent. Cependant, les hâvres du Robert, du François et du Vauclin, y offrent un asile assez sûr aux petits bâtiments, et le port de la Trinité est accessible à des bâtiments d'un fort tonnage.

Au S., s'ouvrent la baie du Marin et plusieurs petites anses, où les navires sont en sûreté lorsque le vent ne souffle point de l'O.

La rade de Saint-Pierre et la baie du Fort-Royal sont

situées sur la côte occidentale (sous le vent de l'île). La première n'est fréquentée que par les navires du commerce, qui la quittent à l'époque de l'hivernage, pour aller s'abriter dans le bassin, beaucoup plus sûr, du Fort-Royal. La baie du Fort-Royal est le plus beau port des Antilles, et des flottes nombreuses peuvent en tout temps y mouiller sans danger.

La Martinique est divisée en deux arrondissements militaires : celui du Fort-Royal et celui de Saint-Pierre; et en vingt-six communes ou quartiers.

Circonscriptions territoriale et judiciaire.

Sa circonscription judiciaire comprend :

1° Une cour royale, dont le siége est au Fort-Royal;

2° Deux cours d'assises;

3° Deux tribunaux de 1re instance, séant au Fort-Royal et à Saint-Pierre;

4° Quatre justices de paix, dont les siéges sont au Fort-Royal, à Saint-Pierre, au Marin et à la Trinité.

Les vingt-six communes ou quartiers sont distribués de la manière suivante entre ces différentes juridictions.

ARRONDISSEMENT DU FORT-ROYAL.		ARRONDISSEMENT DE SAINT-PIERRE.	
CANTON DU FORT-ROYAL.	CANTON DU MARIN.	CANTON DE LA TRINITÉ.	CANTON DE SAINT-PIERRE.
1. Le Fort-Royal.	1. Le Marin.	1. La Trinité.	1. Saint-Pierre.
2. Le Lamentin.	2. Le Vauclin.	2. Le Gros-Morne.	2. La Basse-Pointe.
3. Le Trou-au-Chat.	3. Sainte-Anne.	3. Le Robert.	3. La Grande-Anse.
4. Le Saint-Esprit.	4. La Rivière-Pilote.	4. Le François.	4. Le Macouba.
5. La Rivière-Salée.	5. Sainte-Luce.	5. Sainte-Marie.	5. Le Prêcheur.
6. Les Trois-Islets.	6. Le Diamant.	6. Le Marigot.	6. Le Carbet.
7. Les Anses-d'Arlet.			7. La Case-Pilote.

Il y a, à la Martinique :

Villes.

Deux villes : *le Fort-Royal* et *Saint-Pierre.*

Quatre grands bourgs : *la Trinité*, *le Marin*, *le Lamen-tin* et *la Rivière-Salée.*

Vingt petits bourgs ou villages, portant les noms des communes comprises dans le tableau ci-dessus.

Les villes et la plupart des bourgs sont situés sur les bords de la mer.

La ville du *Fort-Royal* est le chef-lieu de la colonie, et le siége du gouvernement colonial.

La ville de *Saint-Pierre* est le centre du commerce de l'île. Elle est à 7 lieues du Fort-Royal.

Le bourg de *la Trinité* a un bon port. C'est, après Saint-Pierre et le Fort-Royal, le point le plus commerçant de la colonie.

Le bourg *du Marin* n'est remarquable que par son petit port; les deux autres grands bourgs, *le Lamentin* et *la Rivière-Salée*, n'ont d'importance que par les marchés qui s'y tiennent le dimanche.

Les petits bourgs ou villages contiennent ordinairement l'église et le presbytère de la paroisse, un embarcadère pour les relations indispensables avec les ports ouverts au commerce, quelques magasins pour l'entrepôt des produits des habitations voisines, et des boutiques pour la vente en détail de divers objets de consommation.

Les *habitations* ou *plantations* sont des établissements ruraux au milieu des terres, où résident les propriétaires et les esclaves qui les exploitent. On les désigne habituellement, d'après la nature des denrées coloniales qui y sont cultivées, sous le nom de *sucreries*, *caféyères*, *cotonneries*, *cacaoyères et vivrières.*

La Martinique est traversée par 24 routes royales, toutes praticables pour les voitures, et dont la largeur est de 6 mètres.

Il y a dans la colonie deux canaux principaux, celui du Lamentin et celui de la Rivière-Salée. C'est par ces canaux que les communes du même nom communiquent avec la mer. Ils sont navigables en toutes saisons, leur profondeur moyenne est de 2 mètres et leur largeur de 6 mètres. Les canots de poste et de pêche et les embarcations appelées *Gros-Bois* peuvent seuls y naviguer.

CHAPITRE III.

MÉTÉOROLOGIE.

Température. D'après des observations faites pendant plusieurs années consécutives au Fort-Royal, la température moyenne de la Martinique, à l'ombre, à 2 mètres au-dessus du niveau de la mer, est de 21° 79ᶜ de Réaumur; le maximum de son élévation, de 28°; et le minimum, de 16° 44ᶜ. Au soleil, le thermomètre s'élève jusqu'à 44°.

À l'ombre, ainsi qu'au soleil, la chaleur varie selon l'exposition des lieux : ainsi, la température est plus basse d'environ 1 degré, sur la côte orientale de l'île, qui reçoit l'action immédiate des vents alisés. Au sommet des montagnes les plus élevées de la Martinique, à 1,300 mètres au-dessus du niveau de la mer, la température n'excède pas 15 degrés $\frac{3}{4}$, pendant les mois de février et d'avril, à l'heure du jour où la chaleur est la plus forte.

La variation journalière du thermomètre est de 5 à 10° de Réaumur, suivant la saison. Lors donc qu'au mois de janvier le thermomètre indique 18°, le matin, au point du jour, il en marque 23 dans sa plus grande élévation, de deux à trois heures après midi; et, lorsqu'au mois de septembre, au plus fort de la chaleur du jour, il monte à 28°, il n'est communément le matin, au lever du soleil, qu'à 18°.

Les mois les plus chauds sont juillet, août et septembre; les moins chauds, décembre, janvier et février.

Sur le sommet des pitons du Carbet, où le thermomètre descend jusqu'à 16° 25°, tous les êtres organisés éprouvent la sensation que produirait en Europe un grand froid. A 19. et 20°, les créoles éprouvent encore un sentiment de froid assez vif. Ce n'est qu'à 23 ou 24°, que la température leur paraît modérée.

L'ardeur du climat de la Martinique est, du reste, tempérée chaque jour par deux brises régulières : l'une qui dure depuis le lever jusqu'au coucher du soleil et qui s'accroît ou décroît selon que le soleil est plus ou moins élevé sur l'horizon ; l'autre qui commence entre six et sept heures du soir et qui souffle pendant la plus grande partie de la nuit : la première s'appelle *brise de mer,* la seconde *brise de terre.*

L'humidité de l'atmosphère est excessive à la Martinique ; et peu d'objets parmi les corps inertes, même les plus résistants, tels que le bois et les métaux, échappent à ses effets destructeurs.

Humidité atmosphérique.

Dans le cours de trois années consécutives, l'hygromètre de Saussure a donné, pour termes extrêmes et opposés, le 100° et le 60° degrés ; et pour terme moyen de l'humidité atmosphérique de l'île, 87° 7°.

La quantité moyenne de pluie qui tombe annuellement dans l'île, est un peu moindre de 217 centimètres au niveau de la mer. La différence entre les années pluvieuses et les années sèches n'excède pas 33 centimètres.

Pluies.

Le minimum des pluies a lieu en mars, avril et mai ; le maximum, en août, septembre et octobre.

D'après des observations faites pendant six années consécutives, le maximum du nombre des jours de pluies est de 238, et le minimum de 223.

Il tombe deux fois plus d'eau dans les montagnes que sur le littoral, soit à cause de l'élévation des sommets, soit à raison du voisinage des bois dont plusieurs de ces sommets sont couverts.

Saisons.

On ne connaît que deux saisons à la Martinique. L'une, qui est la belle saison, dure environ neuf mois; elle commence en octobre et finit en juillet. L'autre, qui est la saison pluvieuse, et à laquelle on donne en général le nom d'*hivernage*, ne dure que trois mois, du milieu de juillet au milieu d'octobre.

Durée des jours.

Dans les Antilles, les jours sont à peu près égaux aux nuits. La durée des jours les plus courts est de 11 heures $\frac{1}{4}$ environ; et celle des plus longs, d'un peu plus de 12 heures $\frac{1}{2}$.

Vents.

Les vents qui dominent dans l'archipel des Antilles sont ceux d'E., de N. et de S. Les périodes de domination de ces vents peuvent à la rigueur être réduites à deux. Pendant la première, qui dure depuis novembre jusqu'en avril, les vents soufflent de l'hémisphère boréal, en passant successivement du N. vers l'E. Pendant la seconde période, qui dure depuis le mois de mai jusqu'en octobre, les vents soufflent de l'hémisphère austral et varient entre l'E. et l'O., en passant par le S.

Le vent d'O. est le plus rare; il est aussi le moins constant dans sa durée. Ses bourrasques orageuses sont entrecoupées de calmes plats.

Les vents d'E., dont la domination s'étend sur l'une ou l'autre des deux périodes dont il vient d'être parlé, soufflent pendant les trois quarts de l'année environ. Ils ne règnent toutefois avec constance que durant les mois de mars, avril, mai et juin. Ce sont ces vents qui portent le nom de *vents alisés*, et d'où dérivent les expressions *au vent et sous le vent*, qui servent à désigner dans les Antilles l'orient et l'occident.

Il y a flux et reflux deux fois en 24 heures sur les côtes de l'archipel américain; mais la durée, la vîtesse, l'élévation du flot et son abaissement diffèrent de ce qui a lieu sous ce rapport dans les zones tempérées. L'élévation ordinaire n'excède pas 40 à 50 centimètres; elle se réduit même à moins lors des solstices; pendant les équinoxes, elle est tout au plus de 80 centimètres à 1 mètre.

Quelquefois, au milieu du plus grand calme de l'atmosphère, les eaux de l'Atlantique, soulevées par un mouvement subit et précipitées violemment vers le rivage, entraînent avec elles les bâtiments mouillés sur la côte, malgré leurs ancres, et les lancent sur les rochers, ou les jettent sur la plage. C'est cette perturbation que l'on nomme dans les Antilles *raz-de-marée*. Quoique les raz de marée aient souvent lieu pendant le calme, ils accompagnent aussi les ouragans.

On donne le nom d'*ouragans* ou *coups de vents*, à des tempêtes violentes qui éclatent quelquefois dans les pays situés entre les tropiques, et durant lesquelles le vent acquiert un tel degré de force qu'il renverse les constructions, déracine les arbres et arrache les moissons. Les rivières, grossies subitement par des pluies diluviales, débordent malgré la profondeur de leurs encaissements, et entraînent avec leurs eaux les arbres des forêts, les plus gros rochers, les ponts et les plantations. Les bâtiments qui sont sur les rades et qui n'ont pas eu le temps de gagner la pleine mer, sont brisés ou engloutis. Les désastres qui résultent de ces tourmentes sont incalculables. Dans les villes, on a vu quelquefois la majeure partie des édifices détruits. Pour remettre en valeur les plantations que le fléau a ravagées, il faut, outre des frais et des travaux considérables, un an si l'habitation produit des vivres, dix-huit mois si c'est une sucrerie, trois ans si elle est cultivée en cacao, et cinq ans si c'est une cafeyère.

Ces graves perturbations atmosphériques ont ordinairement lieu dans la période de 104 jours, comprise entre le 10 juillet et le 21 octobre; elles sont assez souvent accompagnées, non seulement de raz-de-marée, mais aussi de tremblements de terre. Le nombre des ouragans qui ont ravagé la Martinique depuis le commencement du XIXe siècle, est de sept. On cite, parmi les plus désastreux de ce siècle et du précédent, ceux des années 1766, 1779, 1788, 1813 et 1817.

Tremblements de terre.

D'affreux tremblements de terre ont aussi bouleversé la colonie. On cite celui de 1737, auquel on attribue la destruction de tous les cacaoyers, qui étaient alors la principale exploitation agricole du pays. Il ne se passe guère d'année où l'on ne ressente quelques secousses de tremblements de terre à la Martinique; mais, depuis longtemps, ces secousses n'y ont causé aucun désastre.

Influence du climat sur les hommes et sur les animaux.

La chaleur et l'humidité qui constituent le climat des Antilles exercent une grande influence sur l'état des corps organisés aussi bien que sur les substances inorganiques de toute nature. Les animaux originaires d'Europe dégénèrent à la Martinique. Les hommes y sont exposés à quelques maladies, inconnues ou très-rares sous des températures modérées. La puberté y est précoce, la caducité prématurée; la mortalité y égale et quelquefois même y excède la reproduction.

CHAPITRE IV.

POPULATION.

Au 31 décembre 1835, la population de la Martinique *Population de la Martinique en 1835.* s'élevait à 116,031 individus, dont 37,955 libres et 78,076 esclaves.

La population flottante, celle qui se renouvelle par les arrivées et par les départs, peut être évaluée à 3,000 individus environ. En 1836, le personnel civil et militaire de la colonie entrait pour 2,539 dans ce chiffre approximatif, savoir :

$$\left. \begin{array}{l} \text{Personnel civil.............} \quad 519 \\ \text{Personnel militaire.........} \quad 2,020 \end{array} \right\} \; 2,539.$$

On évalue à 600 environ le nombre des marins des bâti- *Éléments dont se compose la population.* ments du commerce, qui séjournent chaque année à la Martinique.

Aux renseignements généraux donnés dans la *Notice préliminaire* sur les éléments dont se compose la population de *Blancs et individus de couleur libres.* nos colonies à culture [1], nous ajouterons les détails suivants qui concernent spécialement la Martinique.

En 1835, le nombre des blancs entrait pour environ 9,000 dans le chiffre de la population libre de la colonie, et celui des

---

[1] Voyez ci-dessus, pages 1 à 6.

4

personnes appartenant à l'ancienne classe de couleur, pour
20,000 à peu près, y compris 17,579 individus affranchis
depuis 1830.

Les hommes libres de couleur ne possèdent guère, quant à
présent, au delà du neuvième des propriétés immobilières
de la colonie. Des 78,076 esclaves existant à la Martinique,
13,585 seulement leur appartiennent. Il y a environ un
sixième des personnes de l'ancienne classe de couleur libre
qui possède des propriétés. On évalue à 4,436 le nombre de
carrés [1] cultivés appartenant à cette fraction de la population de
couleur, tandis que le nombre de carrés cultivés que possède la
population blanche s'élève à 26,000. Sur les 2,466 maisons
existantes au Fort-Royal et à Saint-Pierre, la classe blanche en
possède 1,516 rapportant annuellement 1,424,276 francs; et
les hommes de couleur, 951 d'un revenu de 505,954 francs.

Esclaves.

La valeur vénale moyenne d'un esclave cultivateur est de
1,200 francs.

La valeur du travail d'un esclave varie selon la nature des
denrées qu'il cultive et selon le prix de ces denrées. On estime
qu'un nègre sucrier peut produire annuellement 850 kilogrammes de sucre, ce qui ferait ressortir la valeur de son travail à 1 fr. 26 c. par jour ou 459 fr. par an, en supposant le
prix du sucre à 27 fr. les 50 kilogrammes et sans tenir compte
de la valeur des sirops et tafias, à la fabrication desquels l'esclave concourt en outre chaque année. La valeur du travail
d'un esclave attaché à la culture du café peut être de 63 centimes et demi par jour ou 228 fr. par an, en admettant qu'il

[1] Le carré de terre de la Martinique équivaut à 1 hectare 29 ares 26 cen-
tiares (voir ci-après le chapitre XIII, relatif aux *poids et mesures*).

produise annuellement 114 kilogrammes de café et que le prix de cette denrée soit de 2 fr. le kilogramme. Le nègre caféier produit en outre des vivres, dont il conviendrait aussi d'ajouter le prix à la valeur de son travail. — La *valeur moyenne* du travail d'un esclave cultivateur est en général fixée à 1 franc par jour.

On évalue le prix moyen de la nourriture et de l'entretien d'un esclave à 40 centimes par jour ou 146 fr. par an. Cette dépense est indépendante de ce que coûtent son logement, le traitement et les soins qu'il reçoit à l'hôpital en cas de maladie, et l'abandon du terrain mis à sa disposition [1].

La population de la Martinique se subdivisait ainsi en 1835 :

Tableau de la population par âge et par sexe.

Population libre.

Au-dessous de 14 ans..	Garçons.......	6,188	12,416		
	Filles.........	6,228			
De 14 à 60 ans.......	Hommes......	10,331	23,231	37,955	
	Femmes......	12,900			
Au-dessus de 60 ans...	Hommes......	900	2,308		
	Femmes......	1,408			

Population esclave.

Au-dessous de 14 ans..	Garçons.......	11,307	23,232	
	Filles.........	11,925		
De 14 à 60 ans.......	Hommes......	23,435	48,833	78,076
	Femmes......	25,398		
Au-dessus de 60 ans...	Hommes......	2,842	6,011	
	Femmes......	3,169		

Total général...... 116,031

[1] Voir les détails consignés dans la *Notice préliminaire*, page 13, sur la législation relative aux esclaves.

Il est digne de remarque qu'à la Martinique la population esclave *au-dessus de 60 ans* est plus forte en proportion que la population libre de la même catégorie.

Réunis en masse, par sexe seulement, les chiffres ci-dessus présentent les totaux suivants :

	SEXE MASCULIN.	SEXE FÉMININ.	DIFFÉRENCE en faveur du SEXE FÉMININ.
Population libre.....	17,419	20,536	3,117
Population esclave...	37,584	40,492	2,908
TOTAUX....	55,003	61,028	6,025

Répartition de la population dans les quartiers.

La population de la Martinique se trouvait ainsi répartie, en 1835, dans les divers quartiers de la colonie :

DÉSIGNATION des COMMUNES OU QUARTIERS.	Population libre.	Population esclave.	TOTAL.
ARRONDISSEMENT DU FORT-ROYAL.			
CANTON DU FORT-ROYAL.			
Fort-Royal...............	5,372	4,820	10,192
Lamentin................	2,177	6,774	8,951
Trou-au-Chat............	934	1,718	2,702
Saint-Esprit............	1,212	2,463	3,675
Rivière-salée..........	583	1,788	2,371
Trois-Islets...........	369	1,153	1,522
Anses-d'Arlet..........	793	1,170	1,968
TOTAL pour le canton du Fort-Royal...	11,495	19,886	31,381
CANTON DU MARIN.			
Marin...................	1,130	1,777	2,907
Vauclin.................	1,136	3,742	4,878
Sainte-Anne.............	240	2,567	2,807
Rivière-Pilote.........	1,172	2,669	3,841
Sainte-Luce............	280	946	1,226
Diamant.................	351	1,183	1,534
TOTAL pour le canton du Marin...	4,309	12,884	17,193
TOTAL pour l'arrondissement du Fort-Royal...	15,804	32,770	48,574

DÉSIGNATION des COMMUNES OU QUARTIERS.	Population libre.	Population esclave.	TOTAL.
ARRONDISSEMENT DE SAINT-PIERRE.			
CANTON DE SAINT-PIERRE.			
Saint-Pierre {Mouillage	4,454	4,038	8,492
Fort	3,801	5,213	9,014
Extra-muros	1,295	1,623	2,918
Basse-Pointe	656	2,622	3,278
Grand'-Anse	1,361	3,084	4,445
Macouba	483	1,788	2,271
Prêcheur	828	2,575	3,403
Carbet	1,227	2,860	4,087
Case-Pilote	581	1,965	2,546
TOTAL pour le canton de Saint-Pierre...	14,686	25,768	40,454
CANTON DE LA TRINITÉ.			
Trinité	1,648	4,019	5,667
Gros-Morne	1,745	3,100	4,845
Robert	1,137	3,307	4,444
François	1,694	4,272	5,966
Sainte-Marie	1,002	3,852	4,854
Marigot	239	988	1,227
TOTAL pour le canton de la Trinité..	7,465	19,538	27,003
TOTAL pour l'arrondissement de Saint-Pierre..	22,151	45,306	67,457
TOTAL GÉNÉRAL pour toute la colonie..	37,955	78,076	116,031

La même population était répartie, en 1835, entre les villes et bourgs et les habitations rurales, dans la proportion suivante :

Répartition de la population dans les villes et bourgs, et sur les habitations.

	VILLES et bourgs.	HABITATIONS rurales.	TOTAL.
Population libre	12,655	25,300	37,955
Population esclave	20,282	57,794	78,076
TOTAUX	32,937	83,094	116,031

En 1835, la population de la Martinique a présenté les mouvements suivants [1] :

	NAIS-SANCES.	DÉCÈS.	EXCÉDANT des NAISSANCES sur les décès.	MA-RIAGES.
Population libre. { blanche... { de couleur. }	1,307	1,027	280	{ 65 { 131
Population esclave.........	2,485	2,261	224	14
TOTAUX.........	3,792	3,288	504	210

Par mariages d'esclaves, on désigne ici les unions religieuses contractées dans cette classe de la population. Le nombre réel de ces unions est supérieur à celui que peuvent constater les recensements officiels; mais, quelle que soit l'inexactitude du chiffre indiqué ci-dessus, on ne peut nier le peu de progrès qu'ont faits jusqu'à présent les noirs dans des voies de moralité et de civilisation. La multiplication des mariages entre les esclaves est cependant le premier pas à faire pour arriver à la réforme des mœurs et à l'amélioration du sort de cette classe. On doit beaucoup espérer des soins que prend le gouvernement pour obtenir sous ce rapport, avec le secours de la religion, des résultats de plus en plus satisfaisants.

Relativement à la masse totale de la population, la proportion des naissances, mariages et décès a été, en 1835, de :

Une naissance......... { sur 29 libres.
                          { sur 32 esclaves.

[1] Voir, quant à l'influence du climat des Antilles françaises sur les hommes qui les habitent, ce qui est dit ci-dessus, page 48.

Un décès............ $\left\{\begin{array}{l}\text{sur 37 libres.} \\ \text{sur 35 esclaves.}\end{array}\right.$

Un mariage.......... $\left\{\begin{array}{l}\text{sur 137 blancs.} \\ \text{sur 221 personnes libres de cou-} \\ \text{leur.} \\ \text{sur 5,577 esclaves.}\end{array}\right.$

Le nombre des affranchissements accordés dans la colonie, Affranchissements depuis la fin de 1830 jusqu'au 1er janvier 1837, s'est élevé à 17,579, savoir :

	PATRONÉS.				ESCLAVES.				TOTAL GÉNÉRAL.
	Hommes.	Femmes.	Enfants.	TOTAL.	Hommes.	Femmes.	Enfants.	TOTAL.	
De la fin de 1830 au mois d'août 1833.........	"	"	"	"	"	"	"	"	5,597
D'août 1833 au 31 décembre 1836..........	2,208	3,566	3,012	8,786	741	1,377	1,078	3,196	11,982
									17,579

CHAPITRE V.

POUVOIR LÉGISLATIF, GOUVERNEMENT ET ADMINISTRATION [1].

Conseil colonial.

Le conseil colonial de la Martinique se compose de trente membres, élus pour 5 ans par les colléges électoraux de la colonie.

Électeurs.

Tout Français âgé de 25 ans, né à la Martinique, ou qui y est domicilié depuis deux ans, jouissant des droits civils et politiques, et payant 300 francs de contributions directes sur les rôles de la colonie, ou justifiant qu'il y possède des propriétés mobilières ou immobilières d'une valeur de 30,000 francs, est électeur.

Le nombre des électeurs composant les six colléges électoraux de la Martinique, s'élève à 819, dont 128 appartiennent à l'ancienne classe de couleur libre.

Éligibles.

Tout Français âgé de 30 ans, né dans la colonie, ou qui y est domicilié depuis deux ans, jouissant des droits civils et politiques, et payant dans la colonie 600 francs de contributions directes, ou justifiant qu'il y possède des propriétés mobilières ou immobilières d'une valeur de 60,000 francs, est éligible aux fonctions de membre du conseil colonial.

Le nombre des éligibles s'élevait, en 1836, à 507, dont 44 appartenant à l'ancienne classe de couleur libre.

[1] Voir la *Notice préliminaire*, pages 6, 7, 8, 9 et 17.

Les délégués de la Martinique[1] jouissent d'un traitement qui est fixé par le conseil colonial, et qui est de 20,000 francs pour chacun d'eux.

On renvoie à la *Notice préliminaire* pour ce qui regarde les attributions du conseil colonial, la nomination des délégués, la durée et la nature de leurs fonctions[2].

L'organisation du gouvernement de la Martinique est réglée par une ordonnance royale du 9 février 1827, modifiée par une seconde ordonnance royale du 22 août 1833.

On renvoie également à la *Notice préliminaire*, pour ce qui regarde les bases et les formes générales de cette organisation.

Le commandement et la haute administration de la colonie sont confiés au gouverneur.

Un *commandant militaire* est chargé, sous les ordres du gouverneur, du commandement des troupes et des autres parties du service militaire que celui-ci lui délègue.

Les *chefs d'administration* qui dirigent les différentes parties du service à la Martinique, sont au nombre de trois, savoir : un *Ordonnateur*, un *Directeur de l'intérieur* et un *Procureur général*.

Un *Inspecteur colonial* veille à la régularité du service administratif, et requiert à cet effet l'exécution des lois, ordonnances, décrets coloniaux et règlements.

Le conseil privé est composé du gouverneur, qui en est le président, du commandant militaire, des trois chefs d'admi-

Délégués.

Organisation du gouvernement de la colonie.

Gouverneur.

Commandant militaire.

Chefs d'administration.

Inspecteur colonial.

Conseil privé.

---

[1] Les délégués actuels de la Martinique sont M. Charles Dupin, membre de la Chambre des députés, et M. le baron de Cools.

[2] Voir ci-dessus, pages 7 à 9.

nistration, et de trois conseillers privés nommés par le Roi et choisis parmi les habitants notables.

L'inspecteur colonial assiste aux séances du conseil privé, et y a voix représentative.

Lorsque le conseil privé est appelé à prononcer sur les matières qu'il juge administrativement, il s'adjoint deux membres de l'ordre judiciaire.

Les matières dont ce conseil connaît, comme conseil du contentieux administratif, sont spécifiées dans l'ordonnance royale du 9 février 1827.

On renvoie à la *Notice préliminaire* pour ce qui regarde les principales attributions judiciaires conférées au conseil privé [1].

Administration municipale. La Martinique est divisée, sous le rapport de l'administration municipale, en vingt-sept quartiers.

Il y a dans chaque quartier un commissaire-commandant, choisi par le gouverneur parmi les habitants notables. Ce commissaire-commandant exerce des fonctions qui ont de l'analogie avec celles qui sont remplies en France par les maires et par les commandants de la garde nationale.

Les fonctions d'officiers de l'état civil sont remplies dans chaque commune par un agent spécial.

L'organisation municipale de la Martinique sera prochainement réglée par un décret colonial, basé sur l'organisation municipale de la métropole.

Tableau général du personnel salarié. Le personnel civil et militaire salarié par le gouvernement, à la Martinique, présentait en 1836 un total de 2,539 personnes, réparties comme suit entre chaque service :

---

[1] Voyez ci-dessus, page 16 et 17.

Le personnel du *Gouvernement colonial* se composait de :

    1 gouverneur ;

    1 commis expéditionnaire près le conseil privé ;

    1 huissier du conseil privé.

TOTAL... 3

    Plus 1 commis de marine remplissant les fonctions de secré-
taire archiviste.

Le chiffre total du personnel des *Services militaires* a
présenté, en 1836, un effectif de 2,020 hommes (dont 93
officiers) répartis de la manière suivante :

1° ÉTAT-MAJOR GÉNÉRAL et des places.
- 1 colonel, commandant militaire ;
- 1 capitaine, adjudant de place à Saint-Pierre ;
- 1 capitaine employé à l'état-major du gouverneur ;
- 1 lieutenant de vaisseau.

TOTAL... 4

2° ÉTAT-MAJOR particulier de l'artillerie.
- 1 chef de bataillon, directeur ;
- 1 capitaine en premier ;
- 1 garde de 2° classe ;
- 1 contrôleur d'armes ;
- 1 chef artificier.

TOTAL... 5

3° ÉTAT-MAJOR particulier du génie.
- 1 capitaine en premier, sous-directeur
- 1 garde de 1re classe ;
- 2 gardes de 2e classe.

TOTAL... 4

4º INFANTERIE.
(3 bataillons du 1er régiment de la marine.)

État-major.
- 1 colonel;
- 1 lieutenant-colonel;
- 3 chefs de bataillon;
- 1 major;
- 3 adjudants-majors;
- 1 officier payeur;
- 1 porte-drapeau;
- 1 chirurgien-major;
- 2 chirurgiens aides-majors.

TOTAL.... 14

Compagnies.
- 21 capitaines;
- 21 lieutenants;
- 21 sous-lieutenants;
- 1,696 sous-officiers et soldats;

TOTAL.... 1,759

En tout, 1,773 hommes, dont 77 officiers.

5º ARTILLERIE de la marine et ouvriers d'artillerie.
- 4 capitaines;
- 2 lieutenants en premier;
- 3 lieutenants en second, ou sous-lieutenants;
- 225 sous-officiers et soldats, dont 25 ouvriers.

TOTAL.... 234

Commissariat de la marine.

Le personnel de l'*Administration de la marine* se composait de 31 personnes en 1836 savoir :

- 1 commissaire de marine de 1re classe, Ordonnateur;
- 1 commissaire de marine de 2e classe, Inspecteur colonial;

2 (à reporter.)

Report.. 2

  5 sous-commissaires de marine;
  8 commis principaux;
  12 commis de 1re, 2e et 3e classes;
  4 commis auxiliaires.

Total.... 31

Le personnel du *Service des ports* se composait, en 1836, de 19 personnes, savoir : Service des ports.

  2 capitaines de port (1 au Fort-Royal, 1 à Saint-Pierre);
  1 surveillant des travaux du port au Fort-Royal;
  4 pilotes (2 au Fort-Royal, 2 à Saint-Pierre);
  1 maître de cure-môle;
  11 canotiers (5 au Fort-Royal, 6 à Saint-Pierre).

Total.... 19

Le personnel du *Service de santé* se composait de 45 personnes en 1836, savoir : Service de santé.

  2 médecins en chef;
  23 officiers de santé (4 de 1re classe, 6 de 2e classe, 7 de 3e classe, et 6 auxiliaires);
  16 sœurs hospitalières, dont 2 supérieures;
  2 aumôniers des hôpitaux (1 à Saint-Pierre, 1 au Fort-Royal;
  2 portiers des hôpitaux du Fort-Royal et de Saint-Pierre.

Total.... 45

Le personnel de la *Direction de l'intérieur* se composait de 40 personnes en 1836, savoir : Direction de l'intérieur.

1° 1 Directeur de l'intérieur;

Fort-Royal.

2º BUREAU CENTRAL.
{
1 chef de bureau;
1 sous-chef de bureau;
3 écrivains auxiliaires;

Saint-Pierre.

1 commis.
}

TOTAL... 6

Fort-Royal.

3º DOMAINE. . . . .
{
1 chef de bureau;
1 commis;
2 commis auxiliaires.

Saint-Pierre.

1 chef de bureau;
2 écrivains auxiliaires.
}

TOTAL... 7

4º 26 officiers de l'état civil.

Administrations financières.

Le nombre total des fonctionnaires, employés et agents des *Administrations financières*, était, en 1836, de 122, répartis comme suit :

1ª ENREGISTREMENT
et conservation
des hypothèques.
{
1 vérificateur de l'enregistrement;
6 receveurs de l'enregistrement (2 au Fort-Royal, 2 à Saint-Pierre, 1 au Marin et 1 à la Trinité : au Fort-Royal et à Saint-Pierre, l'un des deux receveurs est en même temps conservateur des hypothèques);
4 surnuméraires appointés, au Fort-Royal et à Saint-Pierre.
}

TOTAL...... 11

Service de la direction et des bureaux.

2ᵒ DOUANES.

1 directeur des douanes;

1 inspecteur;

2 sous-inspecteurs sédentaires, chefs de bureau, à Saint-Pierre et au Fort-Royal;

7 vérificateurs (4 à Saint-Pierre, 1 au Fort-Royal, 1 à la Trinité, 1 au Marin);

5 receveurs aux déclarations (2 à Saint-Pierre, 1 au Fort-Royal, 1 à la Trinité, 1 au Marin);

2 commis à la direction;

2 commis aux déclarations à Saint-Pierre;

1 commis aux expéditions, au Fort-Royal.

Service actif.

1 capitaine des pataches;

2 lieutenants principaux;

7 brigadiers (4 appartenant à la brigade de terre, 3 au service des pataches);

36 préposés (18 appartenant à la brigade de terre, 18 au service des pataches);

1 patron;

32 canotiers pour le service des pataches.

TOTAL......... 100

L'organisation du *Personnel des douanes*, aux Antilles françaises, est réglée par une ordonnance royale du 25 octobre 1829. Une autre ordonnance royale, du 26 novembre 1830, fixe les traitements et indemnités alloués aux fonctionnaires et agents de ce service. La loi du 24 avril 1833 a réservé exclusivement au pouvoir royal la fixation de la dépense du personnel des douanes.

3º trésor.

{
1 trésorier;
2 avoués du domaine (1 à Saint-Pierre, 1 au Fort-Royal);
8 porteurs de contraintes.
}

TOTAL... 11

Service du culte.

Le personnel du *Service du culte* se composait, en 1836, de 25 ecclésiastiques, savoir :

1 préfet apostolique;
24 prêtres.

TOTAL... 25

Personnel de la justice.

Aux termes de la loi du 24 avril 1833, les dépenses du *Personnel de la justice* sont fixées par le gouvernement du Roi. Ce personnel formait, en 1836, un total de 39 personnes.

1º cour royale.

{
9 conseillers;
3 conseillers auditeurs;
1 procureur général;
1 substitut du procureur général;
1 greffier;
1 chef de bureau;
1 commis expéditionnaire.
}

TOTAL... 17

2º tribunaux de 1re instance.

{
2 juges royaux;
2 lieutenants de juges;
4 juges auditeurs;
2 procureurs du Roi;
2 substituts du procureur du Roi;
2 greffiers.
}

TOTAL... 14

3º TRIBUNAUX de paix. { 4 juges de paix;
4 greffiers.

TOTAL... 8

Le personnel de la *Police* formait, en 1836, un total de 166 personnes, savoir :

1º GENDARMERIE à cheval. {
1 chef d'escadron;
1 capitaine;
2 lieutenants;
4 maréchaux des logis;
12 brigadiers;
80 gendarmes.

TOTAL... 100

2º CHASSEURS de montagnes. {
2 brigadiers;
2 sous-brigadiers;
12 chasseurs.

TOTAL... 16

3º SURVEILLANCE des villes et campagnes. {
2 commissaires de police (1 à Saint-Pierre, 1 au Fort-Royal);
30 commis à la police;
4 brigadiers et sous-brigadiers;
14 archers.

TOTAL........ 50

Le personnel du *Service des ponts et chaussées* se composait, en 1836, de 6 personnes, savoir :

1 commis à la direction, chef de comptabilité;
4 commis auxiliaires;
1 garde du génie.

TOTAL..... 6

Instruction
publique.
———

Trois personnes composaient, en 1836, le *Personnel sala-rié de l'instruction publique*, savoir :

2 instituteurs pour les écoles d'enseig[nt] mutuel des garçons;

1 institutrice pour l'école d'enseignement mutuel des filles.

Agents divers.
———

Le nombre des *Agents divers du service colonial*, était de 20 en 1836, savoir :

10 concierges et portiers;

1 patron du canot du gouverneur;

1 surveillant des noirs du magasin général;

2 maîtres d'arrimage et de coupe;

1 jardinier en chef du Jardin des plantes, à Saint-Pierre;

2 interprètes des langues anglaise et espagnole;

1 secrétaire du bureau du commerce;

1 garde-chiourme;

1 exécuteur des hautes-œuvres.

TOTAL. 20

Récapitulation.

La récapitulation, par nature de service, du personnel salarié par le gouvernement, en 1836, présente les chiffres suivants :

DÉSIGNATION DES SERVICES.	NOMBRE D'INDIVIDUS salariés.
Gouvernement colonial...	3
Services militaires..	2,020
Commissariat de la marine...	31
Service des ports..	19
Service de santé..	45
Direction de l'intérieur..	40
Administrations financières...	122
Service du culte..	25
Justice...	39
Police..	166
Service des ponts et chaussées......................................	6
Instruction publique..	3
Agents divers...	20
TOTAL...........................	2,539

CHAPITRE VI.

LÉGISLATION GÉNÉRALE.

La *Notice préliminaire*[1] contient, sur les bases générales du régime législatif de la Martinique, sur l'application à la colonie des codes du royaume modifiés, et sur la législation concernant les esclaves, des détails auxquels on se réfère ici.

Le *Code civil* a été promulgué à la Martinique le 16 brumaire an XIV (7 novembre 1805).

Le *Code de procédure civile* a été appliqué à la colonie par ordonnance royale du 19 octobre 1828, mais avec de nombreuses modifications. La Martinique avait été régie précédemment, en matière de procédure civile, par l'ordonnance civile de 1667.

D'après l'acte local du 7 novembre 1805, portant promulgation du Code civil à la Martinique, *l'Expropriation forcée* devait y être mise en vigueur un an après la paix générale. Aucune disposition effective n'a encore été adoptée à cet égard. Il avait été préparé, en 1829, un projet d'ordonnance royale ayant pour but de prescrire la publication aux Antilles françaises, sous certaines modifications, du titre XIX du Code civil relatif à l'expropriation forcée; ce projet a même été communiqué aux administrations locales, mais il n'a reçu aucune suite. La matière doit être désormais réglée par une loi, qui est

Régime législatif.

Code civil.

Code de procédure civile.

Expropriation forcée.

---

1 Voir ci-dessus, pages 6 à 14.

maintenant en voie d'élaboration. La Martinique est encore régie sous ce rapport par la déclaration du Roi du 24 août 1726, qui, vu les difficultés que présentait la saisie réelle dans ces colonies, a autorisé une action résolutoire sous le nom de *déguerpissement*.

La loi du 8 mars 1810 sur l'expropriation pour cause d'utilité publique a été mise en vigueur à la Martinique, sous de légères modifications.

Régime hypothécaire.

L'application à la Martinique du titre XVIII du Code civil, relatif aux *Privilèges et hypothèques,* a eu lieu par l'acte même de promulgation de ce code, mais avec ajournement, à un an après la paix générale, de la mise en vigueur des articles 2168 et 2169 du même titre, qui consacrent en principe l'expropriation forcée. Il en a été et il en est encore, à l'égard de ces articles, de même que pour le titre relatif à l'expropriation forcée dont il est question ci-dessus.

La conservation des hypothèques, dont l'institution à la Martinique remonte au 7 novembre 1805, a été organisée en dernier lieu par une ordonnance royale du 14 juin 1829.

Enregistrement.

L'Enregistrement a été établi dans la colonie par ordonnance royale du 31 décembre 1828. Les dispositions de cette ordonnance ont été modifiées et complétées par une décision du Roi du 28 septembre 1830 et par deux ordonnances royales des 1er juillet 1831 et 16 mai 1832.

Code de commerce.

Le *Code de commerce* n'a pas été mis en vigueur à la Martinique.

Code d'instruction criminelle et Code pénal.

Le *Code d'instruction criminelle* a été appliqué à la colonie par ordonnance royale du 12 octobre 1828, et le *Code pénal* par ordonnance du 29 octobre de la même année. La loi du 22 avril 1832, modificative de ces deux codes, a été rendue applicable à la Martinique, sous diverses modifications, par la loi du 22 juin 1835.

Le *Régime des douanes* à la Martinique n'a été, quant à présent, déterminé par aucun acte spécial : il résulte, tant de l'ancienne législation commerciale des colonies que des lois de douanes rendues pour la métropole, notamment des ordonnances de 1681 et 1687, des lettres patentes de 1727, et des lois des 17 juillet et 22 août 1791 et du 28 avril 1799. Ces lois n'ont point été promulguées dans la colonie, mais on s'y conforme, et les dispositions en ont même quelquefois été rendues exécutoires par des actes de l'autorité locale, notamment par un arrêté du gouverneur de la Martinique, en date du 8 novembre 1828, relatif aux saisies et à la rédaction des procès-verbaux de douanes.

Régime
des douanes.

CHAPITRE VII.

ORGANISATION JUDICIAIRE ET ADMINISTRATION DE LA JUSTICE.

Dispositions
organiques.

L'*Organisation judiciaire* et l'*Administration de la justice* sont, quant à présent, réglées à la Martinique par une
ordonnance royale du 14 septembre 1828, modifiée sur quelques points par deux ordonnances subséquentes des 10 octobre
1829 et 15 février 1831.

La *Notice préliminaire* contient, sur l'ensemble des dispositions organiques qui régissent la matière dans les colonies
françaises, des détails auxquels on ne peut que se référer ici [1].

La justice est rendue à la Martinique par des tribunaux de
paix, des tribunaux de 1re instance, une cour royale et deux
cours d'assises.

Le *Conseil privé* [2], la *Commission des prises* et les *Conseils
de guerre* connaissent des matières qui leur sont spécialement
attribuées par l'ordonnance royale du 9 février 1827 relative
au gouvernement et à l'administration de la Martinique, et par
les lois, ordonnances et règlements en vigueur dans cette colonie.

Tribunaux de paix.

L'île de la Martinique est divisée en quatre cantons de justices de paix, dont les chefs-lieux sont le *Fort-Royal*, le
Marin, la *Trinité* et *Saint-Pierre* [3].

[1] Voir ci-dessus, pages 15 et suivantes.

[2] Voir ci-dessus, dans la *Notice préliminaire,* page 16, les attributions
judiciaires conférées à ce conseil.

[3] Voir ci-dessus, page 41, l'indication des communes comprises dans
chaque canton de justice de paix.

Chacun des quatre tribunaux de paix est composé d'un *juge de paix*, d'un *suppléant* et d'un *greffier*.

La compétence des tribunaux de paix de la colonie est réglée par l'ordonnance organique du 14 septembre 1828[1].

Il y a, à la Martinique, deux *Tribunaux de première instance*.

Tribunaux de première instance

Le ressort du premier comprend les cantons du *Fort-Royal* et du *Marin*[2]; le tribunal siége au *Fort-Royal*.

Le ressort du second comprend les cantons de *Saint-Pierre* et de la *Trinité*[3]; le tribunal siége à *Saint-Pierre*.

Chaque tribunal de première instance est composé d'un *juge royal* d'un *lieutenant de juge* et de deux *juges auditeurs*.

Il y a près de chaque tribunal un *procureur du Roi*, un *substitut* du procureur du Roi, un *greffier* et un *commis* assermenté.

Le *juge royal* rend seul la justice dans les matières qui sont de la compétence du tribunal de première instance.

En cas d'empêchement, il est remplacé dans ses fonctions par le *lieutenant de juge*.

La compétence des tribunaux de première instance est déterminée par l'ordonnance organique du 14 septembre 1828[4].

Le nombre des *affaires civiles et commerciales* inscrites, en 1833, aux rôles des tribunaux de première instance de la Martinique, a été de 2,204, savoir :

A Saint-Pierre.	1,240
Au Fort-Royal.	964
TOTAL.	2,204

---

[1] Voir, à cet égard, la *Notice préliminaire*, page 15.

[2] et [3] Voyez ci-dessus, page 41, l'indication des communes comprises dans le ressort de chacun des tribunaux de 1re instance.

[4] Voir, à cet égard, la *Notice préliminaire*, page 15.

En comparant ces chiffres à ceux dont le *Compte général de l'administration de la justice civile et commerciale en France* offre les éléments pour la même année, on verra que les tribunaux de première instance de la Martinique sont aussi chargés d'affaires que plusieurs tribunaux importants de la France continentale.

Cour royale.

Il existe à la Martinique une *Cour royale*, dont le siège est au Fort-Royal.

Elle est composée de neuf *conseillers* et de trois *conseillers auditeurs*.

Il y a près de la cour un *procureur général*, un *substitut du procureur général*, un *greffier* et un *commis* assermenté.

La compétence de la cour royale est réglée par l'ordonnance organique du 14 septembre 1828 [1].

Du 1er janvier 1830 au 31 décembre 1836, 120 arrêts de police correctionnelle ont été rendus à la Martinique contre des individus de la classe blanche, et 332 contre des individus de couleur libres.

Le nombre des *affaires civiles, commerciales, correctionnelles* et de *mises en accusation* inscrites en 1833 au rôle de la cour royale de la Martinique, a été de 389, savoir :

Affaires civiles et commerciales. 147
Affaires correctionnelles. 98
Mises en accusation. 144

TOTAL. 389

En rapprochant ces chiffres de ceux de même nature qui figurent dans le *Compte général de l'administration de la*

---

[1] Voir, à cet égard, la *Notice préliminaire*, page 16.

justice civile et commerciale en France pour la même année, on trouve que la cour royale de la Martinique occupe, relativement aux vingt-sept cours royales du royaume,

Le 26ᵉ rang pour les affaires civiles;

. Le 20ᵉ rang pour les affaires correctionnelles;

Le 22ᵉ rang pour les mises en accusation;

C'est-à-dire que deux, six et huit cours du continent sont classées au-dessous d'elle quant au nombre des affaires inscrites, quoique ayant un personnel double et quelquefois presque triple du sien.

Il y a, à la Martinique, deux arrondissements de *Cours d'as-* Cours d'assises. *sises* [1], dont les siéges sont au *Fort-Royal* et à *Saint-Pierre*. Chacun d'eux comprend le ressort respectif du tribunal de première instance de l'une ou de l'autre de ces deux villes [2].

Chaque cour d'assises se compose de trois *conseillers* de la cour royale et de quatre membres du collége des *assesseurs*; collége qui se compose de soixante membres à la Martinique. Le procureur général, ou son substitut, porte la parole à la cour d'assises.

Les membres de la cour royale et les assesseurs prononcent en commun, tant sur la position et la solution des questions, que sur l'application de la peine.

Du 1ᵉʳ janvier 1830 au 31 décembre 1836, les cours d'assises de la Martinique ont rendu 30 arrêts contre des individus de la classe blanche et 144 contre des individus de couleur libres.

---

[1] Voyez ci-dessus, dans la *Notice préliminaire*, page 16, ce qui est dit relativement aux cours d'assises.

[2] Voyez ci-dessus, page 41, l'indication des communes comprises dans le ressort de chacun des tribunaux de 1ʳᵉ instance.

Le nombre des affaires jugées par les deux cours d'assises de la Martinique a été de 57 en 1833, savoir :

Au Fort-Royal. 26
A Saint-Pierre. 31

TOTAL. 57

Des 57 affaires criminelles jugées en 1833 à la Martinique, 40 ont été suivies de jugements de condamnation, dont :

8 pour crimes contre les personnes,
32 pour crimes contre les propriétés.

TOTAL. 40

et le nombre des condamnés s'est élevé à 64, dont

5 libres d'origine européenne,
15 libres appartenant à l'ancienne classe libre de couleur,
4 esclaves.

TOTAL. . . 64

On trouvera, au reste, dans le tableau qui occupe la page suivante, le résultat des travaux des cours d'assises de la Martinique pour l'année 1833 présenté avec l'indication de la nature des crimes, et la distinction, par classes et par sexes, des *accusés*, des *acquittés* et des *condamnés*.

NATURE des CRIMES.	NOMBRE DES MISES EN ACCUSATION.	NOMBRE DE JUGEMENTS DE CONDAMNATION.	ACCUSÉS.					ACQUITTÉS.					CONDAMNÉS.				
			LIBRES.		ESCLAVES.		TOTAL.	LIBRES.		ESCLAVES.		TOTAL.	LIBRES.		ESCLAVES.		TOTAL.
			Hommes.	Femmes.	Hommes.	Femmes.		Hommes.	Femmes.	Hommes.	Femmes.		Hommes.	Femmes.	Hommes.	Femmes.	
1° Crimes contre les personnes.																	
Empoisonnement............	4	»	»	»	1	4	5	»	»	1	4	5	»	»	»	»	»
Meurtre.................	3	1	3	»	»	»	3	2	»	»	»	2	1	»	»	»	1
Infanticide...............	1	»	»	»	»	1	1	»	»	»	1	1	»	»	»	»	»
Homicide par imprudence......	1	1	1	»	»	»	1	»	»	»	»	»	1	»	»	»	1
Blessures................	7	5	3	1	7	»	11	2	1	3	»	6	1	»	4	»	5
Rébellion...............	2	1	1	»	1	»	2	1	»	»	»	1	»	»	1	»	1
Marronage armé...........	1	»	»	»	1	»	1	»	»	1	»	1	»	»	»	»	»
Faux témoignage...........	1	»	1	»	»	»	1	1	»	»	»	1	»	»	»	»	»
TOTAUX.........	20	8	9	1	10	5	25	6	1	5	5	17	3	»	5	»	8
			10		15		25	7		10		17					
2° Crimes contre les propriétés.																	
Vol simple...............	3	3	1	»	3	»	4	»	»	1	»	1	1	»	2	»	3
Vol qualifié.	29	26	15	»	32	10	57	2	»	5	2	9	13	»	27	8	48
Empoisonnement de bestiaux....	2	1	»	1	4	»	5	»	1	2	»	3	»	»	2	»	2
Faux en écriture de commerce...	1	1	1	1	»	»	2	»	»	»	»	»	1	1	»	»	2
Fausse monnaie............	1	»	»	»	1	1	2	»	»	1	1	2	»	»	»	»	»
Concussion	1	1	3	»	»	»	3	2	»	»	»	2	1	»	»	»	1
TOTAUX.........	37	32	20	2	40	11	73	4	1	9	3	17	16	1	31	8	56
			22		51		73	5		12		17	17		39		56
TOTAUX GÉNÉRAUX pour les deux espèces de crimes.	57	40	29	3	50	16	98	10	2	14	8	34	19	1	36	8	64
			32		66		98	12		22		34	20		44		64

En rapprochant ces chiffres de ceux de la population de
la colonie, leur comparaison donne pour résultat un crime
pour 2,847 individus de toutes classes.

Le vol, l'incendie, l'empoisonnement des bestiaux, et
quelquefois celui des esclaves, sont les crimes le plus généralement commis par les noirs esclaves. Voici le tableau des
condamnations criminelles prononcées par les cours d'assises
de la Martinique contre des individus de cette classe, de 1833
à 1835 [1] :

NATURE DES PEINES.	1833.	1834.	1835.	TOTAL.
Condamnés à mort................	"	10	2	12
Condamnés à des peines afflictives, infamantes, ou corporelles...........	40	25	39	104
Condamnés à la prison.............	4	5	3	12
Totaux..........	44	40	44	128

Du 1ᵉʳ janvier 1830 au 31 décembre 1836, 246 arrêts
criminels ont été rendus contre des esclaves.

En 1836, aucune condamnation à mort n'a été prononcée à
la Martinique.

[1] De 1833 à 1836, les condamnations *correctionnelles* prononcées *juridi-
quement* contre des esclaves ont atteint 28 individus. En voici le détail :

NATURE DES PEINES.	1833.	1834.	1835.	1836.	TOTAL.
Condamnés à l'emprisonnement...............	2	5	4	2	13
Condamnés à des peines corporelles..........	5	4	4	2	15
	7	9	8	4	28

L'ordonnance royale du 15 février 1831, en établissant que Avocats et avoués. désormais la profession d'avocat serait librement exercée dans les colonies françaises, a aussi statué que les avoués, titulaires de leurs offices au moment de la promulgation de l'ordonnance, conserveraient, tant qu'ils demeureraient en fonctions, la faculté d'exercer également la profession d'avocat.

Au 1er janvier 1834, on comptait, à la Martinique, 17 avocats inscrits au tableau, quatre avocats stagiaires, et 14 avoués ayant le droit de plaider comme les avocats.

Le nombre des avoués de la Martinique, est fixé à 18, dont 8 pour l'arrondissement du Fort-Royal et 10 pour celui de Saint-Pierre. Il n'y a pas d'avoués attachés spécialement à la cour royale; ceux des tribunaux de 1re instance, du ressort de cette cour, postulent concurremment auprès d'elle.

D'après l'ordonnance organique du 24 septembre 1828, Cour prévôtale. lorsque la colonie est déclarée en état de siége ou lorsque sa sûreté intérieure est menacée, il peut y être établi une *cour prévôtale*. Il n'a point été fait usage jusqu'à présent à la Martinique de cette juridiction exceptionnelle, que le gouvernement se propose d'ailleurs d'y supprimer.

CHAPITRE VIII.

FORCES MILITAIRES.

Composition
des
forces militaires
de la colonie.
——

Les forces militaires de la Martinique se composent, 1° des troupes de la garnison, 2° d'un corps de gendarmerie à cheval, 3° de milices locales.

Garnison.
——

Deux régiments d'infanterie de la marine, portant les n°s 1 et 2, ont été spécialement créés pour le service ordinaire des garnisons des colonies françaises, par une ordonnance royale du 14 mai 1831.

Les 1er 2e et 3e bataillons du 2e régiment forment la garnison de la Martinique.

Ces régiments se recrutent, comme ceux de l'armée de terre, par voie de désignation sur les appels annuels et par des enrôlements volontaires.

Les règlements leur accordent des suppléments de solde et d'indemnités, ainsi que des distributions supplémentaires de vivres.

Le service effectif dans les colonies est compté comme bénéfice de campagne, pour les retraites et pour les récompenses militaires.

L'effectif des troupes destinées à former la garnison de la Martinique a été fixé ainsi qu'il suit pour l'année 1836.

	OFFICIERS.	SOUS-OFFICIERS et SOLDATS.	TOTAL.
ÉTAT-MAJOR.			
État-major général et des places..	4	"	4
État-major particulier de l'artillerie...................	2	3	5
État-major particulier du génie...	1	3	4
TOTAUX......	7	6	13
TROUPES.			
Infanterie.................	77	1,696	1,773
Artillerie de marine. } canonniers........	9	200	209
} ouvriers...........	"	25	25
TOTAUX......	86	1,921	2,007
TOTAUX GÉNÉRAUX....	93	1,927	2,020

Les nombreuses améliorations successivement introduites depuis quelques années dans le régime du soldat, dans ses vêtements, et dans le mode de casernement, ont eu les résultats les plus satisfaisans quant à l'état sanitaire des troupes. D'après un calcul fait sur une période de cinq années (de 1831 à 1835), la mortalité parmi les troupes n'est plus annuellement, à la Martinique, que de 6 et 44 centièmes sur 100; elle s'élevait autrefois à plus du double de ce chiffre.

La *Gendarmerie* de la Martinique se compose de 3 officiers et de 97 sous-officiers et gendarmes.

Gendarmerie.

Indépendamment de ce corps, il existe à la Martinique deux brigades de *chasseurs de montagnes*, entretenues aux frais de la colonie et spécialement chargées de la poursuite des nègres marrons. Elles sont composées de noirs et d'hommes de couleur.

Ces deux brigades réunies forment un total de 16 hommes; elles sont placées sous les ordres du commandant de la gendarmerie.

Direction d'artillerie et sous-direction du génie.

Il y a, à la Martinique, une *Direction d'artillerie de la marine*, à la tête de laquelle est placé un chef de bataillon, avec deux capitaines d'artillerie; et une *sous-direction du génie*, composée d'un capitaine d'état-major, *sous-directeur*, et de 3 gardes du génie.

Forts et batteries.

Il existe à la Martinique deux forts principaux, le *Fort Bourbon*, et le *Fort St.-Louis*, six batteries sur divers points des rades du Fort-Royal, de St. Pierre et de la Trinité, et plusieurs batteries sur différents autres points de la côte.

Milices.

L'organisation et la composition des milices sont réglées à la Martinique par une ordonnance royale du 1er janvier 1787 et par une ordonnance locale du 1er mars 1815.

D'après ces ordonnances, les milices se composent de tous les habitants libres en état de porter les armes, depuis 16 jusqu'à 55 ans.

Les membres des tribunaux, les autorités civiles et militaires les officiers de santé, et les chefs de pharmacie sont seuls exempts du service.

La colonie est divisée, sous le rapport de la milice, en six arrondissements, dont chacun fournit un bataillon.

Chaque bataillon est composé d'une compagnie de grenadiers d'une compagnie de chasseurs ou de voltigeurs, d'autant de compagnies de fusiliers que comporte la population le de l'arrondissement, et d'une compagnie de dragons à cheval.

Le bataillon du Fort-Royal et celui de St.-Pierre comprennent de plus chacun une compagnie de pompiers.

Les milices sont tenues d'obtempérer aux réquisitions des autorités civiles et militaires pour le maintien de la police, l'exécution des lois ou la défense du pays.

Elles sont, dans le service, assimilées aux troupes de ligne et soumises aux règlements militaires quant à la discipline et aux attributions.

D'après les derniers états de situation parvenus de la Martinique au département de la marine, l'effectif des milices de la colonie s'élevait à 4,103 hommes répartis comme il suit :

	OFFICIERS.	SOUS-OFFICIERS ET SOLDATS.			TOTAL de l'effectif.
		blancs.	libres de couleur.	TOTAL.	
6 compagnies de cavalerie.	41	402	"	402	443
6 bataillons d'infanterie...	297	1,273	2,090	3,363	3,660
TOTAL...	338	1,675	2,090	3,765	4,103

La moitié de cet effectif est propre à un service actif et l'autre moitié à un service sédentaire.

A la suite des troubles qui ont éclaté à la Martinique sur la fin de 1833, les milices de la colonie (à l'exception des escadrons de dragons et des compagnies de sapeurs-pompiers) ont été licenciées et désarmées en masse.

CHAPITRE IX.

FINANCES.

Les dépenses publiques de la Martinique sont divisées en deux catégories principales : l'une comprend les dépenses de souveraineté et de protection, auxquelles il est pourvu au moyen de fonds alloués par le budget de l'État ; l'autre se compose des dépenses d'administration intérieure, à l'acquittement desquelles est employé le produit des contributions publiques et autres revenus locaux.

1re CATÉGORIE. — *Dépenses de souveraineté et de protection.*

Ces dépenses sont toutes comprises dans les crédits ouverts au budget du département de la marine et des colonies. En voici l'indication succincte d'après les allocations du budget de l'exercice 1837 :

1° *Services militaires,* comprenant les dépenses de l'état-major général et des places, celles qui sont occasionnées par les troupes d'infanterie et la gendarmerie (solde et accessoires, masses, hôpitaux, vivres, etc.) et celles des travaux de l'artillerie et du génie, ci................... 1,961,855^f.

savoir :

Personnel.

Solde........ 798,442^f 33^c

REPORT..... 1,961,855^f 00^c

REPORT... 798,442^f 33^c

Accessoires de la
solde........ 87,089 30
Hôpitaux...... 371,476 59
Subs^{es} militaires
et chauffage.. 536,447 15

1,793,455^f 37^c

Matériel.

Artillerie et génie.. 165,400
Dépenses diverses.. 3,000

168,400 00

TOTAL égal...... 1,961,855 37

2° *Direction d'artillerie et détachements des troupes d'artillerie de la marine.* Solde et autres dépenses........ 88,000 00

3° *Marine locale.* Solde et autres dépenses de l'état-major et des équipages de deux goëlettes; entretien de ces bâtiments.. 72,300 00

TOTAL des dépenses de la 1re catégorie. 2,122,155^f 00^c

2e CATÉGORIE. — *Dépenses d'administration intérieure.*

Ces dépenses (ainsi que les recettes locales qui sont destinées à y pourvoir) sont votées par le conseil colonial. Elles comprennent, sous la dénomination de *Service intérieur*, le traitement du gouverneur, la solde et les autres dépenses relatives aux divers fonctionnaires et agents du service, les dépenses des travaux publics, des approvisionnements, et

Dépenses
d'administration
intérieure.

6.

toutes autres dépenses d'administration publique, pour lesquelles il a été alloué par le budget colonial de l'exercice 1837 une somme totale de 2,265,711^f 00^c, savoir :

PERSONNEL.

ART. 1er. — SOLDE ET ACCESSOIRES DE LA SOLDE.

1° Gouvernement colonial....................	75,200^f
2° Administration de la marine...............	91,994
3° Service des ports.......................	27,792
4° Service de santé.......................	n [1]
5° Direction de l'intérieur..................	76,040
6° Délégués de la colonie...................	40,000
7° Administrations financières...............	280,230
8° Service du culte.......................	76,400
9° Justice..............................	297,800
10° Police..............................	238,024
11° Service des ponts et chaussées.............	15,880
12° Instruction publique...................	20,100
13° Concierges, geôliers, canotiers, etc.........	11,854
14° Agents divers.........................	16,458
15° Dépenses assimilées à la solde.............	45,000
TOTAL.............	1,312,772

A DÉDUIRE : *Montant des retenues à exercer sur la solde des salariés que l'on suppose devoir être admis aux hôpitaux*.................................   9,001

RESTE.............   1,303,771

ART. 2. — HÔPITAUX.

Journées de malades à la charge du service intérieur.   50,096

[1] La solde du personnel du service de santé fait partie des dépenses générales des *Hôpitaux*, dépenses qui sont réparties entre les divers services en raison du nombre de malades que chacun de ces services fait traiter dans les hôpitaux.

Art. 3. — Vivres.

Fournitures de rations à la charge du Service intérieur. 43,500

RÉCAPITULATION DES DÉPENSES DU PERSONNEL.

Art. 1er. — Solde et allocations de la solde........ 1,303,771
Art. 2. — Hôpitaux......................... 50,096
Art. 3. — Vivres.......................... 43,500

Total............. 1,397,367

MATÉRIEL.

Art. 4. — Travaux et approvisionnements.

1° Ouvriers à la journée et à l'entreprise, travaux à prix fait, approvisionnements pour les travaux.. 317,000
2° Approvisionnements autres que ceux destinés pour les travaux........................ 47,300
3° Achats de terrains, loyers d'établissements et de maisons........................ 39,000
4° Frais de transport..................... 3,000

Total............. 406,300

Art. 5. — Dépenses diverses.

1° Frais d'impressions, de reliûre, affiches et publications, abonnements aux journaux.......... 30,677
2° Éclairage des établissements publics et des postes. 4,500
3° Frais de justice et de procédure, de geôlage et maronnage, bagnes, menues dépenses des tribunaux 114,556
4° Secours et indemnités à divers............... 41,824
5° Encouragements aux cultures, primes à l'industrie. 10,000
6° Subvention en faveur de divers établissements d'utilité publique, bourses.................. 63,100
7° Dépenses éventuelles.................... 197,387

Total............. 462,044

RÉCAPITULATION DES DÉPENSES DU MATÉRIEL.

Art. 4. — Travaux et approvisionnements......... 406,300ᶠ
Art. 5. — Dépenses diverses................... 462,044

                   Total............. 868,344

RÉCAPITULATION DES DÉPENSES DE LA 2ᵉ CATÉGORIE.

Personnel................................... 1,397,367
Matériel................................... 868,344

Total général des dépenses de la 2ᵉ catégorie. 2,265,711

Récapitulation générale des dépenses de 1837.

En résumé les dépenses publiques de la Martinique ont été fixées pour 1837, savoir :

Celles de la 1ʳᵉ catégorie (Dépenses
     de souveraineté et de protection) à..   2,122,155ᶠ 00ᶜ
Celles de la 2ᵉ catégorie (Dépenses d'ad-
     ministration intérieure) à..........   2,265,711 00

               Total général...... 4,387,866ᶠ 00ᶜ

Recettes de 1837.

Les fonds de l'État y ont contribué pour
     la somme de...................   2,122,155 00
Et le produit des recettes locales pour
     celle de....................   2,265,711 00

       Somme égale aux dépenses.... 4,387,866ᶠ 00ᶜ

Détail des recettes locales de 1837.

Voici maintenant le détail des recettes locales :

        Art. 1ᵉʳ. — Contributions directes.

1° Capitation des esclaves, ouvriers, domestiques...   231,290ᶠ
2° Droit fixe de sortie, en remplacement de la capita-
     tion des esclaves de grande culture.........   469,609

               A reporter..... 700,899ᶠ

REPORT........ 700,899ᶠ

3° Contribution personnelle sur les individus de condition libre........................... 305,000

4° Droits sur les loyers de maisons............. 90,000

5° Patentes............................... 107,170

TOTAL................ 1,203,069

ART. 2. — CONTRIBUTIONS INDIRECTES.

1° Enregistrement, droits de greffe, hypothèques.... 146,119

2° Droits de douanes....................... 681,415

3° Licences de cabarets et de colportage........ 68,372

4° Permis de port d'armes et taxes sur les passe-ports. 9,260

5° Ferme du jaugeage...................... 5,926

TOTAL............... 911,092

ART. 3. — DOMAINE ET DROITS DOMANIAUX.

Locations et fermages....................... 110,200

ART. 4. — RECETTES DIVERSES.

Bénéfices sur la négociation des traites, loyers de noirs
aux divers services, prélèvement sur le fonds de réserve...................................... 41,350

RÉCAPITULATION DES RECETTES LOCALES.

ART. 1ᵉʳ. — Contributions directes............. 1,203,069ᵗ

ART. 2. — Contributions indirectes............ 911,092

ART. 3. — Domaine et droits domaniaux........ 110,200

ART. 4. — Recettes diverses................ 41,350

TOTAL............... 2,265,711ᶠ

CHAPITRE X.

CULTURES ET AUTRES EXPLOITATIONS RURALES [1].

Perfectionnements introduits dans l'industrie agricole de la colonie.

L'industrie agricole a fait depuis quelques années des progrès à la Martinique. L'usage de la charrue et l'introduction de divers moyens mécaniques ont beaucoup diminué le travail des hommes. L'emploi d'engrais meilleurs et en plus grande quantité a notablement amendé les terres. Enfin les procédés de culture, principalement ceux de la fabrication du sucre, ont reçu des améliorations importantes et seraient arrivés à un degré bien plus avancé de perfectionnement si la législation sur les sucres n'avait jusqu'à ce jour frappé d'une surtaxe considérable, à leur entrée en France, les sucres dits *bruts-blancs.*

Tableau général des cultures en 1835.

Le tableau suivant fait connaître, pour l'année 1835, la quantité d'hectares consacrés à chaque genre de culture, le nombre des établissements ruraux, le nombre des esclaves cultivateurs et la quantité de produits récoltés à la Martinique.

[1] Voir ce qui est dit dans la *Notice préliminaire*, pages 17 à 20, au sujet des cultures coloniales.

ESPÈCES DE CULTURES.	NOMBRE d'hectares en culture.	NOMBRE d'habitations rurales.	NOMBRE d'esclaves cultivateurs.	PRODUITS DES CULTURES.				
				NATURE des produits.	QUANTITÉS.	VALEUR brute.	ESTIMATION approximative des frais d'exploitation et autres.	VALEUR nette.
Canne à sucre....	21,179	495	35,735	Sucre brut.... 30,388,850 kil. Sucre terré... 115,780 Sirops et mélasses...... 6,630,000 litres. Tafia........ 1,500,720 TOTAUX.... "		fr. 15,000,000	fr. 6,600,000	fr. 8,400,000
Caféier..........	3,082	1,290	11,250	Café........ 785,900 kil.				
Cotonnier........	178	11	75	Coton........ 14,870	4,762,070	1,587,356	3,174,714	
Cacaoyer........	492	"	"	Cacao....... 155,300				
Vivres..........	13,389	1,648	7,293	Vivres....... "				
Cultures diverses..	"	"	1,801	" "	"	"	"	"
TOTAUX....	38,320	3,444	56,154	TOTAL.... "	19,762,070	8,187,356	11,574,714	

Dans le nombre des habitations rurales, et particulièrement de celles qui sont consacrées à la culture des vivres, on a compris les plus petites propriétés, même celles qui ne se composent que d'une cabane et d'un coin de terre sans esclaves.

Indépendamment des 3,444 habitations rurales, on compte encore dans la colonie quatre fabriques de poterie et douze chaufourneries, qui employent 402 esclaves; ce qui porte le nombre total des établissements ruraux à 3,460, et celui des esclaves qui y sont employés à 56,556.

Au 1er janvier 1836, on comptait à la Martinique 60,462 hectares de terres non cultivées, et 38,320 de terres cul-

Tableau par communes

tivées, se répartissant de la manière suivante entre chaque commune :

DÉSIGNATION des COMMUNES.	NOMBRE D'HECTARES										SUPERFICIE totale de l'île en hectares.
	EN TERRES CULTIVÉES.					EN TERRES NON-CULTIVÉES.					
	Canne à sucre.	Café.	Coton.	Cacao.	Vivres.	Savanes.	Bois et forêts.	Dépendances des habitations.	Terrains vagues.	Dépendances du domaine public.	
Fort-Royal........	492	54	1	7	192	573	1,061	1,040	"	"	3,420
Lamentin.........	2,175	122	2	28	1,095	2,369	1,155	1,757	"	"	8,703
Trou-au-Chat.....	464	66	"	"	541	840	432	604	"	"	2,947
Saint-Esprit......	404	189	"	5	811	1,030	202	"	"	"	2,642
Rivière-Salée......	411	31	"	"	129	1,333	1,308	39	"	"	3,251
Trois-Islets.......	222	34	3	"	220	493	486	627	"	"	2,085
Anses-d'Arlet.....	275	49	66	8	363	698	1,255	159	"	180	3,053
Diamant..........	554	12	44	"	129	925	492	989	39	"	3,184
Sainte-Luce.......	328	89	"	"	245	765	923	39	"	"	2,389
Rivière-Pilote.....	414	521	6	1	561	872	794	418	"	"	3,587
Marin............	430	95	9	"	290	735	535	169	"	"	2,263
Sainte-Anne......	1,448	"	12	"	234	1,082	837	227	"	"	3,840
Vauclin..........	1,757	342	4	22	642	928	512	620	"	"	4,827
François..........	1,894	258	9	2	737	1,084	878	2,029	"	"	6,891
Robert...........	1,117	129	3	5	818	693	730	1,384	"	"	4,879
Gros-Morne......	339	116	"	"	567	310	187	1,403	216	"	3,138
Trinité..........	1,340	35	16	"	775	1,049	1,034	319	"	"	4,568
Sainte-Marie.....	1,074	181	"	21	614	947	1,365	230	"	66	4,498
Marigot..........	491	8	"	"	236	158	490	2	"	"	1,385
Grande-Anse......	1,160	119	"	58	514	301	1,130	100	"	"	3,382
Basse-Pointe......	1,062	27	"	94	583	694	1,168	484	"	"	4,112
Macouba..........	821	39	"	22	258	265	664	237	129	"	2,435
Prêcheur.........	357	200	"	181	724	91	974	258	"	"	2,785
Carbet...........	684	107	"	9	580	1,233	750	"	"	"	3,363
Case-Pilote.......	634	39	"	8	616	1,280	2,386	"	"	"	5,413
S.t-Pierre { Extra-Muros.....	215	104	"	3	375	646	569	717	"	"	2,629
S.t-Pierre { Mouillage.......	270	28	"	"	137	114	60	62	"	"	671
S.t-Pierre { Fort...........	346	88	3	18	403	264	560	760	"	"	2,442
TOTAUX........	21,179	3,082	178	492	13,389	21,772	23,387	14,673	384	246	98,782
TOTAUX GÉNÉRAUX.	38,320 hectares.					60,462 hectares.					

Bestiaux
et
bêtes de somme
et de trait.

Au 1er janvier 1836, le nombre des bestiaux et des bêtes de somme et de trait, existant dans la colonie, s'élevait à 38,034 têtes d'animaux, évaluées en masse à 12,324,230 fr., savoir :

	NOMBRE de têtes.	VALEUR APPROXIMATIVE	
		par tête.	totale.
Chevaux..................	2,366	600f	1,419,600f
Anes....................	170	75	12,750
Mulets..................	5,578	600	3,346,800
Taureaux et bœufs..........	18,408	400	7,363,200
Béliers et moutons..........	9,452	15	141,780
Boucs et chèvres...........	220	15	3,300
Cochons.................	1,840	20	36,800
Totaux......	38,034	//	12,324,230f

Le capital engagé dans les cultures a été évalué approximativement, pour 1835, à la somme totale de 230,585,450 fr., répartie de la manière suivante :

1° Valeur des terres :

21,179 hectares cultivés en *cannes à sucre*, à 1,500 fr. l'hectare...... 31,768,500f

3,082 hectares cultivés en *café*, à 1,500 fr. l'hectare............. 4,623,000

178 hectares cultivés en *coton*, à 1,500 fr. l'hectare............. 267,000

492 hectares cultivés en *cacao*, à 1,500 fr. l'hectare............. 738,000

13,389 hectares cultivés en *vivres*, à 1,000 fr. l'hectare............. 13,389,000

A REPORTER...... 50,785,500f

	Report........	50,785,500	
21,772 hectares de *savanes*, à 700ᶠ l'hectare..		15,240,400	
23,387 hectares de *bois et forêts*, à 500 fr. l'hectare...............		11,693,500	85,055,900ᶠ
14,673 hectares de *terrains en friche* *dépendant des habitations*, à 500 fr. l'hectare...................		7,336,500	

2° VALEUR DES BÂTIMENTS ET DU MATÉRIEL D'EX-
PLOITATION............................. 49,510,320

3° VALEUR DES ESCLAVES :

35,735 esclaves cultivant la *canne à sucre*, à 1,500 fr. par esclave.....	53,602,500ᶠ	
11,250 esclaves cultivant le *café*, à 1,500 fr. par esclave..........	16,875,000	
7,293 esclaves cultivant les *vivres*, à 1,500 fr. par esclave..........	10,939,500	
75 esclaves cultivant le *coton*, à 1,000ᶠ par esclave..................	75,000	83,695,000
299 esclaves employés dans les *pote-ries*, à 1,000 fr. par esclave......	299,000	
103 esclaves employés dans les *chau-fourneries*, 1,000 à fr. par esclave.	103,000	
1,801 esclaves employés à *diverses cultures*, à 1,000 fr. par esclave...	1,801,000	

4° VALEUR DES ANIMAUX DE TRAIT ET DU BÉTAIL[1]. 12,324,230

TOTAL égal [2]........ 230,585,450ᶠ

En comparant cette valeur approximative de la masse des propriétés rurales de toutes natures existantes dans la colonie, à la somme totale du produit net des cultures, évaluée à

[1] Voir la page précédente.

[2] La valeur des propriétés des villes et bourgs est estimée à 50 millions de francs environ.

11,574,714 francs, on reconnaît que le revenu de la terre, à la Martinique, est d'environ 5 p. 0/0 net.

La culture de la canne à sucre ne s'est établie à la Marti- Canne à sucre. nique que vers 1650.

L'introduction successive dans la colonie de plants de la canne d'Otaïti, et de la canne jaune de Batavia, dont la qualité est fort estimée, y ont prévenu la dégénération de ce végétal.

Les méthodes employées pour la culture de la canne varient suivant les localités : les uns labourent à la charrue, les autres à la houe; les charrues de France ne conviennent pas sur toutes les habitations, beaucoup de colons préfèrent celles d'Amérique. Ce n'est du reste qu'à force d'engrais que l'on rend les anciennes terres productives.

Depuis 1820, les habitants de la Martinique tournent presque exclusivement leurs efforts agricoles vers l'amélioration et l'augmentation des produits de la canne à sucre. Aussi les sucreries donnent-elles généralement aujourd'hui des produits comparativement plus beaux que ceux qu'elles donnaient autrefois.

Antérieurement à 1820, l'une des années où cette culture reçut le plus grand développement fut 1789. Il y avait alors 19,000 hectares plantés en canne, qui rapportèrent 18,500,000 kilogrammes de sucre. En 1835, il y avait dans la colonie 21,179 hectares cultivés en cannes qui ont rapporté 30,388,850 kilogrammes de sucre. Bien que le nombre d'hectares consacrés à la culture de la canne ait été de 21,179 en 1835, ou ne doit pas en conclure que la totalité ait donné des produits dans l'année; sur chaque habitation sucrerie, on laisse toujours quelques terres en repos, et, comme il faut

quinze mois aux cannes *plantées* pour arriver à maturité[1],
le nombre des récoltes ne s'élève qu'à trois en quatre années.
La surface occupée par les cannes annuellement coupées, à la
Martinique n'est pas évaluée à plus de 14 à 15 mille hectares.

Voici, du reste, les produits obtenus de 1832 à 1835.

ANNÉES.	SUCRE BRUT.	SUCRE TERRÉ.	SIROPS et MÉLASSES.	TAFIA.
	kil.	kil.	litres.	litres.
1832...................	29,358,343	209,230	12,981,685	2,263,367
1833...................	28,708,473	46,900	7,047,108	2,208,730
1834...................	28,579,200	112,850	8,748,700	1,828,000
1835...................	30,388,850	115,780	6,630,000	1,500,720
Totaux.......	117,034,866	484,760	35,407,493	7,800,817
Moyenne des quatre années..	29,258,716	121,190	8,851,873	1,950,204

Le rapport brut annuel d'un hectare, planté en cannes à
sucre, est d'environ 2,000 kilogrammes de sucre.

En janvier 1837, le prix-courant du sucre brut était à la
Martinique de 54 centimes le kilogramme, et celui du sucre
terré de 90 centimes le kilogramme; le prix des sirops et
mélasses y était de 25 centimes le litre, et celui du tafia
de 32 centimes le litre.

Le prix du rum s'y élevait à la même époque à 56 centimes
le litre. La distillation de cette liqueur n'a pas fait dans la colonie
les mêmes progrès que la fabrication des autres produits de la
canne à sucre. A la Jamaïque, les rums forment le tiers du
revenu des sucreries. Les colons de la Martinique pourraient,
à l'aide des procédés nouveaux, se mettre en état de rivaliser

---

[1] Les *rejetons* de cannes arrivent seuls à maturité au bout de douze à
treize mois.

sous ce rapport avec les possessions anglaises de l'archipel des Antilles; mais jusqu'à ce jour la distillation du rum n'a été considérée que comme un objet très-secondaire par les planteurs de la Martinique, principalement à cause de la difficulté de trouver le placement de ce produit au dehors.

Le nombre des moulins employés à la fabrication du sucre était, à la Martinique,

en 1826, de......... $\left\{\begin{array}{l} \text{183 moulins à eau,} \\ \text{27 moulins à vent,} \\ \text{211 moulins à manége;} \end{array}\right.$

en 1834, il y avait, de plus, 13 moulins à vapeur.

TOTAL... 434

Le nombre des sucreries étant en 1835 de 495, il y a lieu de supposer que le nombre des moulins se sera accru dans la même proportion.

Les sucreries de première classe font environ par année 200,000 kilogrammes de sucre; celles de deuxième classe 100,000 kilog., et celles de troisième classe 50,000 kilog.

Café.

Après la culture de la canne à sucre, il n'en est point à la Martinique de plus importante pour le commerce d'exportation que celle du caféier, quoiqu'elle soit bien peu étendue aujourd'hui. Le caféier ne fut naturalisé dans la colonie qu'en 1723. Il s'y multiplia rapidement. En 1789, époque de la plus grande prospérité des caféyères de la colonie, on comptait 6,123 hectares plantés en café; en 1835, on n'en comptait plus que 3,082.

Plusieurs habitants de la Martinique cultivent sans doute encore le café avec assez de succès; mais on ne peut se dissimuler qu'en général les caféyères sont dans un état de dépérissement fâcheux. L'appauvrissement du sol et la dégénération de cet arbuste commencèrent le mal sur la fin du siècle dernier; les guerres de l'Empire, la domination anglaise et les ouragans de 1813 et de 1817 l'ont aggravé.

Le caféier ne donne son fruit qu'au bout de trois ans, et n'est en plein rapport qu'à la cinquième année.

Le produit brut annuel d'un hectare de terre planté en caféiers est de 250 à 500 kilogrammes de café. Au mois de janvier 1837, la valeur du kilogramme de café dans la colonie était de 2 francs.

De 1832 à 1835, le produit de la récolte du café a été :

En 1832, de.................. 706,140 kilogrammes.
En 1833, de.................. 836,332
En 1834, de.................. 659,900
En 1835, de.................. 785,900
                                ——————
              TOTAL......... 2,988,272 kilog.

        MOYENNE des quatre années. 747,068 kilog.

Coton.

La culture du coton ne s'est jamais faite en grand à la Martinique. Quoique extrêmement facile et peu coûteuse, elle diminue néanmoins de jour en jour dans la colonie, où elle n'existe plus que dans trois ou quatre quartiers. En 1779, 2,726 hectares étaient plantés en cotonniers; en 1835, il n'y en avait plus que 178.

A la Martinique, le cotonnier est exposé aux ravages des chenilles, qui quelquefois se multiplient considérablement autour de cet arbuste et détruisent en peu d'instants l'espoir du cultivateur. Le cotonnier n'est d'ailleurs productif que dans les plaines exemptes d'humidité et qui n'ont point à essuyer de pluies trop abondantes; dès lors toutes les localités de la Martinique ne sont pas propres à ce genre de culture.

Le produit annuel d'un carré de terre planté en cotonniers est, terme moyen, d'environ 200 kilogrammes de coton. Au mois de janvier 1837, le kilogramme de coton valait 1 franc 60 centimes dans la colonie.

De 1832 à 1835, les quantités de coton récoltées à la Martinique ont été :

En 1832, de....................	18,500 kilogrammes.
En 1833, de.................	12,000
En 1834, de.................	14,740
En 1835, de.................	14,870
TOTAL..........	60,110 kilog.
MOYENNE des quatre années.	15,028 kilog.

La presque totalité du coton récolté à la Martinique est consommée dans la colonie.

La culture du cacao date de 1660 à la Martinique. Ce n'est qu'une quinzaine d'années environ après son introduction dans la colonie qu'elle y a pris quelque extension. A la suite d'un tremblement de terre qui eut lieu en 1727, les cacaoyers commencèrent à éprouver une mortalité qui depuis lors a continué d'année en année sans qu'on ait cherché à y remédier. En 1789, on comptait encore 1,184 hectares plantés en cacao; en 1835, il n'y en avait plus que 492.

Cacao.

Ce genre de plantation exige moins de bras et de travail que tout autre, mais tous les terrains ne lui sont pas favorables. Le cacaoyer demande surtout à croître à l'abri du vent, et sous ce rapport la plupart des localités de la colonie ne se prêtent point à sa culture.

Le produit brut annuel d'un hectare de terre planté en

7

cacaoyers est, terme moyen, d'environ 500 kilogrammes de cacao. En janvier 1837, le kilogramme de cacao valait à la Martinique 90 centimes.

De 1832 à 1835, les produits de la récolte du cacao ont été :

En 1832, de.................... 171,912 kilogrammes.
En 1833, de.................... 241,792
En 1834, de.................... 192,100
En 1835, de.................... 155,300

TOTAL......... 761,104 kilog.

MOYENNE des quatre années.. 190,276 kilog.

Girofle.

Quelques habitants de la Martinique avaient créé des girofleries; mais leur exemple ne s'est pas propagé, malgré la protection que le tarif des droits perçus à l'entrée en France assure aux girofles des Antilles contre ceux de l'Inde et des autres pays étrangers. La cause peut en être attribuée à la baisse considérable qui a eu lieu depuis quelques années dans le prix de cette épice, mais bien plus encore aux immenses dommages que les ouragans font éprouver aux girofleries.

En 1832, il y avait à la Martinique 5,000 pieds de girofliers. Les produits en girofle qu'ils ont donnés de 1832 à 1834 se sont élevés,

En 1832, à.................... 6,600 kilogrammes.
En 1833, à.................... 7,500
En 1834, à.................... 5,900

TOTAL......... 20,000 kilog.

MOYENNE des trois années.... 6,667 kilog.

La récolte du même produit pour 1835 a été totalement nulle.

Cannelle.

En 1807, on ne comptait à la Martinique que 318 cannelliers. On ignore quel en est aujourd'hui le nombre ; mais, quel qu'il soit, la production de la cannelle peut être considérée comme presque nulle à la Martinique. De 1831 à 1835, les quantités exportées ne se sont pas élevées, en totalité, à plus de 2,685 kilogrammes, savoir :

	QUANTITÉS.		VALEUR dans la colonie.
En 1831..........	// kilogrammes..		// francs.
En 1832..........	2,495	....	5,019
En 1833..........	//	....	//
En 1834..........	//	....	//
En 1835..........	190	....	338
TOTAUX.....	2,685 kilog.		5,357 fr.

La culture du cassier (plus connu aux Antilles sous le nom de *canéficier*) est fort ancienne à la Martinique, mais elle n'y a jamais pris un grand développement. De 1831 à 1835, la quantité de casse sans apprêt exportée de la colonie a été comme il suit :

Casse.

	QUANTITÉS.		VALEUR. dans la colonie.
En 1831..........	107,376 kilogrammes.		16,106 francs.
En 1832..........	36,304	......	4,983
En 1833..........	94,352	......	13,209
En 1834..........	57,300	......	11,460
En 1835..........	59,794	......	11,958
TOTAUX......	355,126 kilog.	.....	57,716 fr.
MOYENNE des quatre années.	71,025 kilog.	.....	11,543 fr.

En janvier 1837, le prix de la casse était, à la Martinique, de 50 centimes le kilogramme.

Dès 1671, le gouvernement a cherché à encourager la culture de l'indigo à la Martinique. Pendant un temps assez

Indigo.

long, on obtint dans la colonie des produits avantageux de
cette culture. L'inconvénient qu'elle avait d'épuiser prompte-
ment le sol, joint aux ravages des chenilles et aux obstacles
résultant de l'humidité, y fit renoncer. En 1775, quinze à
vingt indigoteries essayèrent encore de se former; mais le travail fatigant qu'exigeait leur exploitation, et l'incertitude des
récoltes, finirent par faire abandonner tout à fait la culture de
l'indigo. En 1789, la quantité d'indigo exportée de la Martinique pour la France n'avait pas dépassé 4,389 livres pesant,
évaluées 41,352 livres tournois.

Le département de la marine tenta encore, en 1821, de
ranimer ce genre de culture à la Martinique par l'envoi de
trois espèces différentes de graines d'indigo; mais ces graines,
plantées dans les meilleures terres, ne levèrent point. Depuis lors, aucune tentative semblable n'a été renouvelée, et la
Martinique ne fournit plus d'indigo au commerce d'exportation.

En janvier 1837, le prix de l'indigo, à la Martinique, était
de 18 francs le demi kilogramme.

Pendant longtemps la culture du tabac (que l'on nommait
autrefois *petun*) fut l'une des plus importantes de la Martinique;
mais elle fut peu à peu abandonnée; et, en 1789, elle ne four-
nissait plus au commerce d'exportation que 96,148 livres pesant de tabac, en feuilles ou fabriqué, évaluées 40,124 livres
tournois.

Aujourd'hui la production du tabac est circonscrite, à la
Martinique, dans les deux seuls quartiers de Sainte-Marie et
du Macouba. Le tabac récolté, surtout celui du Macouba, est
de qualité supérieure, mais il se consomme presque en totalité
sur les lieux.

Le prix modéré auquel on obtient le tabac des États-Unis

Tabac.

ne permet pas, du reste, à la culture de cette plante de prendre à la Martinique plus d'extension qu'elle n'en a aujourd'hui.

De 1832 à 1835, le tabac fabriqué (le seul qui soit exporté) sorti des ports de la colonie s'est élevé aux faibles quantités suivantes :

	QUANTITÉS.		VALEUR dans la colonie.
En 1832........	146 kilogrammes	......	730ᶠ 00ᶜ
En 1833........	793	....	5,830 00
En 1834........	540	....	830 00
En 1835........	427	....	592 00
Totaux.	1,906	....	7,982 00
Moyenne des 4 années.	476 1/2	....	1,995ᶠ 50ᶜ

Les plantations de *vivres du pays* se composent principalement : 1° de *manioc*, dont la racine, purgée de son suc vénéneux et passée au feu, fournit une farine substantielle qui forme la base de la nourriture des noirs; 2° de *bananiers*, végétal dont l'excellent fruit peut se consommer avec ou sans préparation; 3° *d'ignames*, dont la racine est très-nourrissante, d'une facile digestion, et pèse quelquefois jusqu'à trente livres; 4° de *patates*, espèce de pommes de terre sucrées, que les ouragans ne peuvent détruire, non plus que les *ignames*, et qui, dans les années de disette, est, ainsi que cette dernière, une ressource précieuse; 5° enfin de *choux-caraïbes*; des fruits de *l'arbre à pain*; et de *maïs*, qui sert à la fois à la nourriture de l'homme et de la volaille [1].

Vivres.

---

[1] Voir ci-après, dans le chapitre X de la *Notice statistique sur la Guadeloupe et ses dépendances*, (pages 214 et suivantes), des détails sur les *vivres* empruntés à des documents plus complets parvenus de cette colonie.

Les *céréales* ne peuvent être considérées comme étant un objet de l'industrie agricole de la Martinique. Il existe bien quelques plantations de *riz* dans la colonie; mais elles sont très-peu importantes, et l'île tire presque entièrement du dehors les grains et les farines nécessaires à sa consommation.

On a inutilement essayé de naturaliser à la Martinique la *pomme de terre :* elle y dégénère. Le *riz sec des montagnes* vient bien dans la colonie, mais il ne dédommage pas en général des peines et des soins que sa culture exige.

Les cultures en fourrage sont proportionnées aux besoins locaux.

On évalue à 225 francs le produit moyen d'un hectare planté en vivres.

De 1832 à 1835, la valeur des produits de la culture des vivres à la Martinique a été :

En 1832, de.	2,156,406ᶠ
En 1833, de.	2,625,070
En 1834, de.	2,591,000
En 1835, de.	3,217,820
TOTAL.	10,590,296
Moyenne des 4 années.	2,647,574

Les vivres récoltés à la Martinique sont loin de suffire aux besoins de la consommation locale. En 1835, il a été importé dans la colonie 6,138,343 kilogrammes de farineux alimentaires, dont 486,883 kilogrammes seulement ont été réexportés [1].

---

[1] 7,641 têtes de bétail ont été abattues en 1835 à la Martinique pour la consommation, savoir : 1,841 bœufs, 862 vaches, 803 veaux, 1,761 cochons, 1,343 moutons et 1,031 cabris et agneaux.

Il a été importé dans la colonie, durant la même année, 1,773 bœufs vi-

Le jardinage est de peu d'importance à la Martinique, où le climat s'oppose au développement de la plupart des fruits et des légumes d'Europe. Les choux, les pois, les raves et quelques autres légumes sont cependant récoltés dans plusieurs jardins.

Les fruits les plus savoureux et les plus recherchés sont, outre la banane dont il a été parlé ci-dessus, l'ananas, la mangue, la sapotille, l'orange et la pomme cannelle.

L'exploitation du bois de campêche n'est pas sans importance à la Martinique. Les quantités exportées, de 1831 à 1835, ont été :

	QUANTITÉS.	VALEUR dans la colonie.
En 1831, de.......	1,242,477 kilogrammes..	124,242ᶠ
En 1832, de.......	734,474	67,781
En 1833, de.......	659,580	41,222
En 1834, de.......	699,842	53,204
En 1835, de.......	1,381,895	103,902
TOTAL.....	4,718,268 kilog......	390,351
Moyenne des 5 années...	943,653 kilog.......	78,070

vants, 210,924 kilogrammes de bœuf salé, 492,086 kilogrammes de lard salé, 190,836 kilogr. de poisson salé, et 4,825,169 kilogrammes de morue, dont 4,183,459 kilogrammes de morue française, et 641,710 kilogrammes de morue étrangère. Il n'a été réexporté que le quinzième environ de ces articles de consommation.

CHAPITRE XI.

INDUSTRIE.

Causes du peu de développement et d'importance des professions industrielles à la Martinique.

Les professions industrielles ne peuvent être, ni nombreuses, ni étendues dans un pays comme la Martinique, où toutes les forces productives sont dirigées vers les exploitations agricoles, et qui tire du dehors la presque totalité de ses objets de consommation. Aussi l'industrie n'y a-t-elle quelque importance que dans son application aux produits de la culture coloniale[1].

Poteries et chaufourneries.

Les seules fabriques qui existent dans la colonie sont des poteries et des chaufourneries. Il y existait aussi, il y a une dizaine d'années, trois tanneries, mais ces établissements sont à peu près abandonnés aujourd'hui.

Au 1er janvier 1836, le nombre des poteries et tuileries s'élevait à quatre, et celui des chaufourneries à douze. Elles occupaient alors en tout 402 esclaves.

La fabrication de la chaux pour les besoins habituels de la colonie se fait, comme dans le reste de l'archipel des Antilles, au moyen de madrépores et de coquillages de toute espèce qu'on pêche le long des côtes et qu'on calcine dans des fours. Quelques barils de chaux sont cependant introduits dans la colonie par le commerce maritime. En 1835, la quantité ainsi introduite ne s'est pas élevée à plus de 482,250 kilogrammes.

---

[1] Voir le chapitre précédent.

Les poteries de la Martinique fournissent aux sucreries des formes et des pots à rafinerie ; elles fournissent également des briques pour les constructions locales, et des tuiles plates, non-seulement pour les besoins de la colonie, mais pour le commerce d'exportation, auquel il en a été livré en 1833 pour 3,680 fr. et en 1835 pour 7,740 fr.

Voici le relevé des différentes professions exercées en 1836 à la Martinique par les individus soumis aux droits de patente et de licence :

Arts et métiers.

INDICATION des PROFESSIONS.	NOMBRE DE MAÎTRES ÉTABLIS.	OBSERVATIONS.
Agent de change.....	1	
Armurier..........	1	
Bijoutiers et orfèvres..	17	Il n'y a pas d'ouvriers orfèvres à la Martinique, mais seulement des maîtres.
Bouchers.	52	
Boulangers.	70	Les ouvriers boulangers (presque tous esclaves) gagnent de 60 à 75 fr. et même jusqu'à 90 fr. par mois.
Cabaretiers.	84	
Caboteurs.	40	
Cabrouétiers.	14	
Calfats.	10	Les calfats sont payés à la journée à raison de 4 f. 50 c. à 6 fr. ou au mois, à raison de 75 à 90 fr., et quelquefois même de 100 fr.
Chapeliers.	4	Cette profession offre peu de ressources à la Martinique.
Charpentiers........	139	Le prix de la journée d'un maître charpentier est de 5 à 7 fr. 50 cent. celui de la journée d'un simple ouvrier de 2 fr. 75 c., de 3 fr. 50 c. et de 4 ou de 60 fr. 75 f. et 90 fr. par mois.
Charrons..........	3	

INDICATION des PROFESSIONS.	NOMBRE DE MAÎTRES ÉTABLIS.	OBSERVATIONS.
Chaudronniers.......	2	Les ouvriers chaudronniers sont tous esclaves, et travaillent pour le compte et au profit de leurs maîtres.
Colporteurs.........	76	
Confiseurs..........	6	
Cordonniers........	48	
Courtiers..........	2	
Couteliers.........	3	
Cuisiniers.........	4	
Débitants de tabac...	30	
Entrepren^rs de travaux.	3	
Fabricants de rhums et tafias...........	4	
Ferblantiers.......	17	Les ouvriers ferblantiers sont tous esclaves; ils travaillent pour le compte et au profit de leurs maîtres.
Fondeur...........	1	
Forger^ns et maréchaux-ferrant..........	39	Presque tous les ouvriers forgerons sont esclaves; ceux qui sont libres gagnent de 60 à 75 fr. par mois.
Gérants de cargaisons.	10	
Horlogers.........	8	
Imprimeurs........	2	
Libraires..........	2	
Maçons...........	84	Le prix de la journée d'un maître maçon est de 5 f. à 7 f. 50 c.; celui de la journée d'un simple ouvrier, de 2 f. 75, de 3 f. 50 et de 4 f. ou de 60, 75 et 90 f. par mois.

INDICATION des PROFESSIONS.	NOMBRE DE MAÎTRES ÉTABLIS.	OBSERVATIONS.
Marchands..........	786	
Maîtres de bains publics	4	
Médecins et chirurgiens	29	
Menuisiers..........	44	Le prix de la journée d'un ouvrier menuisier est de 2 f. 75 c., 3 fr. 50 c. ou 4 f., ou de 60, 75 ou 90 fr. par mois, suivant sa capacité.
Modistes..........	9	
Négociants de 1re classe.	1	
Négociants de 2e classe.	5	
Négociants de 3e classe.	50	
Pâtissiers..........	3	
Pêcheurs à la seine...	63	
Peintres en bâtiments.	12	Cette profession offre peu de ressources à la Martinique.
Pharmaciens........	24	
Propriétaires d'embarcations..........	48	
Remouleurs.........	3	
Tailleurs..........	33	
Teinturiers........	2	
Teneurs d'hôtels garnis.	13	
Terrassier..........	1	

INDICATION des PROFESSIONS.	NOMBRE DE MAÎTRES ÉTABLIS.	OBSERVATIONS.
Tonneliers.	36	Les tonneliers sont payés à la pièce, savoir : 2 f. 50 c. pour le rabattage d'une barrique de sucre ; 3 fr. pour la façon de la barrique et 9 à 10 fr. pour un boucaut à rhum.
Tourneurs.	3	
Selliers.	5	
Serrurrier.	1	
Voiliers.	7	

Un petit nombre seulement de ces artisans parvient à la fortune par son travail.

La plus grande partie des ouvriers de la Martinique appartient à l'ancienne classe de couleur libre. La plupart des individus de cette classe cessent de travailler lorsqu'ils ont reçu leur salaire, et ne se remettent à l'ouvrage que lorsqu'ils l'ont dépensé.

Ainsi qu'on l'a vu dans le tableau qui précède, les ouvriers sont payés, soit au mois, soit à la journée, et le prix de leur travail est proportionné à leur capacité. Les professions de maçon et de charpentier sont à peu près les seules où l'on trouve de bons ouvriers.

On manque, au surplus, de données exactes sur le produit des arts et métiers dans la colonie et sur le nombre d'individus qui exercent chaque profession.

Un tarif arrêté le 26 août 1834 a fixé de la manière suivante les salaires journaliers alloués par le gouvernement local aux ouvriers civils qu'il emploie, savoir :

Chefs ouvriers......................... 6ᶠ 00ᶜ
Ouvriers d'art......... depuis 3ᶠ 20ᶜ jusqu'à 4 20
Manœuvres. .... depuis 1 60 jusqu'à 2 10
Apprentis....... .... 1 00

On se procure facilement à la Martinique des ouvriers charpentiers, menuisiers, maçons et tonneliers, mais plus difficilement des ouvriers appartenant aux autres professions.

La pêche est faite à la Martinique par un grand nombre **Pêche.** d'hommes de couleur libres et d'affranchis, et par un plus grand nombre encore d'esclaves. Les uns pêchent pour leur propre consommation; les autres pour celle de leurs maîtres. Il y a à la Martinique quelques établissements de pêche exploités par des habitants, qui possèdent des canots, des esclaves et des filets, et qui payent patente pour cette industrie. Le nombre des canots ou pirogues employés à la pêche s'élevait à 405 il y a peu d'années; tous ces canots sont légers et non pontés.

En 1836, 437 marins étaient employés, dans la colonie, à **Marine locale.** la navigation du grand et du petit cabotage.

CHAPITRE XII.

COMMERCE [1].

Marchandises étrangères dont l'importation à la Martinique est permise.

L'ordonnance royale du 5 février 1826 et celle du 29 avril 1829 autorisent les navires, soit nationaux, soit étrangers, à importer à la Martinique, mais seulement dans les ports du *Fort-Royal,* de *Saint-Pierre,* de *la Trinité* et du *Marin*, des denrées et marchandises étrangères énumérées dans deux tableaux qui sont annexés à la première de ces ordonnances sous les numéros 1 et 2.

Les denrées et marchandises énumérées au tableau n° 1, et celles qui y ont été subséquemment ajoutées par trois ordonnances royales des 9 novembre 1832, 10 octobre 1835, et 1er novembre 1836, sont des objets de première nécessité que le commerce français ne peut fournir, ou qu'il ne fournit pas toujours en quantité suffisante, ou enfin dont il n'y a que peu ou point d'intérêt à lui réserver l'approvisionnement. Ces articles payent, à leur entrée dans les Antilles, des droits assez élevés pour que les produits français de même nature qui seraient importés dans la colonie puissent y être vendus en concurrence et avec avantage. En voici la nomenclature, avec l'indication des droits qu'ils ont à payer.

---

[1] Voir dans la *Notice préliminaire,* page 20, les détails donnés sur le régime commercial des colonies françaises.

TABLEAU N° 1.

1° Animaux vivants.................... 10 p. 0/0 de la valeur.

2° Bœuf salé...................... 15ᶠ par 100 kilogr.

3° Bois feuillard.................... 10ᶠ le millier.

4° Légumes secs.................... 3ᶠ 50 par hectol.

5° Maïs en grains................... 2ᶠ par hectol.

6° Morue et autres poissons salés........ 7ᶠ par 100 kilog.

7° Riz............................ 7ᶠ par 100 kilogr.

8° Sel............................ 5ᶠ par 100 kilogr.

9° Tabac..... .... 7 p. 0/0 de la valeur.

10° Bois de toutes sortes (autres que le bois feuillard), y compris les essentes, les planches et les merrains..........

11° Brai, goudron et autres résineux de pin, de sapin et de mélèze...........

12° Charbon de terre.................

13° Cuirs verts en poil, non tannés.......

14° Fourrages verts et secs............

15° Fruits de table.................

16° Graines potagères................

} 4 p. 0/0 de la valeur.

Ordonnance royale du 9 novembre 1832.

17° Farines de froment........ 21ᶠ 50ᶜ par baril de 90 kilogr.

Ordonnance royale du 10 octobre 1835.

18° Madras................. 10ᶠ par pièce de 8 mouchoirs.

Ordonnance royale du 1ᵉʳ novembre 1836.

19° Voitures à vapeur (pendant l'année 1837 seulement)..................... 4 p. 0/0 de la valeur.

Les similaires français payent seulement 5 centimes par 100 kilogrammes pour chacune de ces marchandises.

Les marchandises énumérées dans le tableau n° 2 ne sont point des objets de consommation pour le pays, et sont destinées à la réexportation. Elles ne payent, à leur entrée dans la colonie, qu'un simple droit de balance de cinq centimes par cent kilogrammes, parce qu'elles sont soumises, à leur introduction dans le royaume, aux mêmes droits que si elles y étaient importées directement de l'étranger. En voici la nomenclature:

TABLEAU N° 2.

1° Baume et sucs médicinaux; 2° bois odorant, de teinture et d'ébénisterie; 3° casse; 4° cire non ouvrée; 5° cochenille; 6° coques de coco; 7° cuivre brut; 8° curcuma; 9° dents d'éléphant; 10° écailles de tortue; 11° étain brut; 12° fanons de baleine; 13° girofle; 14° gingembre; 15° gommes; 16° graines d'amome; 17° grains durs à tailler; 18° graisses, sauf celles de poisson; 19° indigo; 20° joncs et roseaux; 21° kermès; 22° légumes verts; 23° laque naturelle; 24° muscades; 25° nacre; 26° or et argent; 27° os et cornes de bétail; 28° peaux sèches et brutes; 29° pelleteries non ouvrées; 30° plomb brut; 31° poivre; 32° potasse; 33° quercitron; 34° quinquina; 35° rocou; 36° racines, écorces, herbes, feuilles et fleurs médicinales; 37° substances animales propres à la médecine et à la parfumerie; 38° sumac; 39° vanille.

L'ordonnance du 5 février 1826 a d'ailleurs maintenu les anciennes dispositions qui ont réservé pour la consommation de la métropole les provenances du sol de la colonie, à l'exception seulement des sirops et des tafias, qui peuvent être exportés à l'étranger.

Tableau récapitulatif du commerce de la Martinique avec la France de 1821 à 1835. Voici le tableau récapitulatif du commerce de la Martinique avec la France de 1821 à 1835. Les chiffres dont il se compose sont extraits des tableaux généraux du commerce de la France avec ses colonies et les puissances étrangères, publiés annuellement par l'administration des douanes du royaume. Ces chiffres ont eu pour base, à dater de 1826, les *valeurs moyennes* établies par l'ordonnance royale du 29 mai 1826[1].

ANNÉES.	IMPORTATIONS DE LA COLONIE en France.	EXPORTATIONS DE FRANCE dans la colonie.	TOTAUX.
COMMERCE SPÉCIAL[1].			
1821.................	16,082,822f	15,708,793f	31,791,615f
1822.................	18,621,928	14,143,926	32,765,854
1823.................	14,114,844	15,736,024	29,850,868
1824.................	16,413,382	16,172,966	32,586,348
1825.................	16,597,419	19,573,626	36,171,045
1826.................	21,139,564	26,627,502	47,767,066
1827.................	17,574,298	23,299,692	40,873,990
1828.................	18,843,968	20,962,138	39,806,106
1829.................	18,480,095	20,612,390	39,092,485
1830.................	17,216,307	12,450,825	29,667,132
1831.................	17,453,763	13,649,390	31,103,153
1832.................	16,955,541	19,260,640	?6,216,181
1833.................	13,269,812	12,398,865	25,668,677
1834.................	13,001,489	14,479,613	27,481,102
1835.................	14,181,133	16,658,898	30,840,031
Moyenne des 15 années.	16,663,091	17,449,019	34,112,110
COMMERCE GÉNÉRAL[1].			
1825.................	17,157,827f	20,188,412f	37,346,239f
1826.................	22,223,845	26,651,724	48,875,569
1827.................	20,906,074	22,381,311	43,287,385
1828.................	20,999,677	19,921,447	40,921,124
1829.................	20,640,837	20,948,148	41,588,985
1830.................	19,833,277	12,344,008	32,177,285
1831.................	18,992,039	12,637,930	31,629,969
1832.................	16,403,337	21,259,168	37,662,505
1833.................	14,761,803	12,438,288	27,200,091
1834.................	17,230,360	14,464,877	31,695,237
1835.................	16,244,440	16,710,248	32,954,688
Moyenne des 11 années.	18,672,138	18,176,869	36,849,007

[1] Il n'est pas inutile, pour l'intelligence des tableaux de commerce insérés dans le présent chapitre, de rapporter ici les *observations* de l'adminis-

Tableau particulier
pour 1835,
du commerce
de la Martinique
avec la France.

Dans le tableau suivant, le commerce qui a eu lieu entre la Martinique et la France, pendant l'année 1835, est présenté avec quelques développements. Il résulte de ces développements (dont les chiffres sont aussi extraits des tableaux annuels publiés par l'administration des douanes): 1° qu'en 1835 le mouvement commercial entre la Martinique et la France s'est élevé en totalité à la somme de 32,954,688 francs, non comtration des douanes relativement à ces *valeurs moyennes*, et d'expliquer ce qu'on entend par *commerce spécial et commerce général.*

« La valeur (est-il dit dans les *observations* de l'administration des « douanes) est le seul dénominateur commun qu'on puisse donner aux mar-« chandises pour les réunir, et comparer les masses. On a donc admis, fort « arbitrairement sans doute, mais par nécessité, une valeur moyenne pour « chacune des unités du tarif des douanes. Afin d'établir cette valeur, il a été « fait une enquête minutieuse, à laquelle les premiers négociants et manu-« facturiers de la capitale ont été appelés, et dont les résultats ont été confir-« més par une ordonnance royale du 29 mai 1826.

« Le tarif des valeurs que l'on suit depuis lors est permanent, et il doit « l'être, comme l'est en Angleterre celui de 1696; car, si on voulait chaque « année constater les prix courants, sur lesquels tant de circonstances influent, « on ne pourrait plus rien induire de la relation des valeurs entre elles, ni « comprendre les faits d'une année à l'autre.

« Mais il est toujours possible de faire, dans un cas donné, le rapproche-« ment des valeurs officielles avec les valeurs effectives. L'administration des « douanes offre tous les moyens de contrôle, en donnant dans les tableaux « annuels qu'elle publie, les quantités et le taux d'évaluation. Libre à chacun « de changer ce taux d'après ses connaissances certaines. »

On classe, sous le titre de *Commerce spécial* : 1°, *dans l'importation,* tout ce qui a été importé définitivement, c'est-à-dire mis en consommation sous le payement des droits; 2°, *dans l'exportation,* les marchandises *françaises* exportées.

Sous le titre de *Commerce général,* on comprend : 1°, *dans l'importation,* tout ce qui est *arrivé* par navires français ou par navires étrangers, sans égard à la destination ultérieure des marchandises, soit pour la consommation, soit pour le transit, soit pour l'entrepôt; 2°, *dans l'exportation,* les marchandises *françaises et étrangères* exportées.

pris 429,246 francs de numéraire importé de la colonie en France; 2° que le montant des droits perçus par la métropole sur les denrées provenant de la colonie a atteint le chiffre de 10,904,208 fr.

NATURE des MARCHANDISES.	IMPORTATIONS DE LA MARTINIQUE EN FRANCE.			
	Marchandises arrivées.	Marchandises mises en consommation.	Droits perçus en France.	Numéraire importé.
Matières nécessaires à l'industrie...	504,161ᶠ	454,641ᶠ		
Objets de consommation { naturels........	15,706,647	13,711,274	10,904,208ᶠ	429,246ᶠ
{ fabriqués........	33,632	15,218		
Totaux des importations....	16,244,440ᶠ	14,181,133ᶠ	10,904,208ᶠ	429,246ᶠ

	EXPORTATIONS DE FRANCE À LA MARTINIQUE.		
	Marchandises françaises.	Marchandises étrangères.	TOTAUX.
Produits naturels...............	5,129,934ᶠ	38,347ᶠ	5,168,281
Objets manufacturés.............	11,528,964	13,003	11,541,967ᶠ
Totaux des exportations....	16,658,898ᶠ	51,350ᶠ	16,710,248ᶠ

RÉCAPITULATION.

Importations de la Martinique en France........................ 16,244,440ᶠ
Exportations de France à la Martinique....................... 16,710,248

Total général............... 32,954,688ᶠ

Relevé, par quantités, des principales denrées

Le relevé suivant des principales denrées et marchandises

8.

exportées de France pour la Martinique, de 1821 à 1835, est établi, comme les précédents, d'après les tableaux annuels de commerce publiés par l'administration des douanes de France.

ANNÉES.	BEURRE.	EAU-DE-VIE DE VIN	FARINES.	FRO-MAGES.	GRAINS.	HUILE D'OLIVE comestible.
	kilo.	hectol.	kil.	kil.	kil.	kil
1821	356,495	697	3,227,569	65,761	19,425	875,219
1822	592,571	1,333	2,906,950	85,096	315,525	140,414
1823	405,429	1,534	2,892,570	70,033	529,735	102,527
1824	411,680	1,053	3,073,986	87,619	327,641	297,538
1825	328,966	1,845	4,870,758	80,689	237,282	483,508
1826	527,497	2,848	4,038,170	96,195	990,148	548,706
1827	538,849	3,739	5,442,850	99,277	669,047	507,346
1828	607,721	5,174	3,367,715	97,659	1,686,471	897,034
1829	454,978	3,208	3,323,711	79,925	379,652	645,171
1830	311,547	794	3,210,329	46,358	288,286	414,598
1831	754,061	843	3,236,038	77,892	223,312	605,960
1832	378,954	1,693	4,051,953	61,026	179,968	549,000
1833	201,900	1,350	3,148,093	48,978	602,769	363,947
1834	212,543	1,389	4.092,149	90,146	1,096,049	477,237
1835	248,378	1,417	3,601,017	64,202	1,734,347	400,897

ANNÉES.	PEAUX OUVRÉES.	POISSONS de mer frais, secs, et salés.	TISSUS de coton.	TISSUS de lin et de chanvre.	VIANDES SALÉES.	VINS.
	kil.	kil.	kil.	kil.	kil.	hectol.
1821	37,752	203,149	52,728	148,476	186,555	43,502
1822	41,845	650,933	56,894	190,191	259,399	42,188
1823	84,358	34,385	111,721	219,732	252,365	33,627
1824	52,876	51,743	115,656	192,413	35,070	37,653
1825	55,141	72,102	142,860	217,757	446,174	38,978
1826	68,878	1,136,041	184,167	256,515	616,708	59,818
1837	58,634	947,058	149,241	255,081	662,535	45,045
1828	43,692	1,349,511	135,813	184,769	495,177	47,819
1829	50,631	1,500,415	146,869	178,220	487,104	40,614
1830	32,420	1,466,086	110,652	96,609	380,839	23,114
1831	44,125	1,253,282	126,962	127,155	323,141	28,994
1832	61,557	848,570	218,636	244,765	473,498	43,450
1833	61,190	294,915	98,258	84,098	431,847	29,440
1834	52,915	314,016	138,620	91,449	195,587	43,251
1835	94,142	238,783	139,897	135,136	507,299	35,435

Les denrées exportées de la Martinique, de 1831 à 1835, sont récapitulées dans le relevé ci-après, dont on a emprunté les chiffres aux états annuels de commerce dressés par l'administration de la Martinique et transmis par elle au département de la marine. Ces chiffres présentent par conséquent les quantités (ou valeurs) exportées, telles qu'elles ont été constatées au départ de la colonie.

Relevé des exportatio de la Martiniq en denrées de la colonie de 1831 à 183

RELEVÉ des exportations de la Martinique, en denrées de la colonie, de 1831 à 1835.

INDICATION de la DESTINATION.	SUCRE brut. kil.	SUCRE terré. kil.	MÉLASSE. litres.	TAFIA. litres.	LIQUEURS. litres.	SIROPS, bonbons, confitures. fr. c.	CAFÉ. kil.	CACAO brut. kil.	GIROFLE. kil.	CANNELLE. kil.	CASSE sans apprêt. kil.	FARINE de manioc. fr. c.	COTON. kil.	TABAC FABRIQUÉ. kil.	BOIS de campêche. kil.
1831.															
Pour France....	27,725,028	121,281	13,276	109,938	696	3,861 80	379,804	121,616	378	"	107,376	340 00	400	"	1,926,977
Pour les colonies françaises....	"	"	113,948	"	330	129 00	"	"	"	"	"	"	"	"	15,500
Pour l'étranger..	"	"	5,829,924	720	17,341	11,314 25	"	"	"	"	"	"	"	"	"
TOTAUX.	27,725,028	121,281	5,957,148	110,658	18,367	16,305 05	379,804	121,616	378	"	107,376	340 00	400	"	1,241,477
1832.															
Pour France....	22,453,529	39,882	2,652	63,315	8,420	10,959 55	610,944	115,022	2,495	55	36,304	452 50	752	"	644,474
Pour les colonies françaises....	"	"	87,968	8,412	345	"	110	"	"	"	"	"	"	110	27,500
Pour l'étranger..	"	"	3,507,564	5,420	1,608	7,203 90	"	"	"	"	"	152 00	"	36	62,500
TOTAUX.	22,453,529	39,882	3,597,484	77,147	10,343	18,163 45	611,054	115,022	2,495	56	36,304	604 50	752	146	734,474

1833.														
Pour France....	20,054,223	4,775	4,028	250,608	3,317	7,343 00	520,076	143,015	»	»	94,352	»	»	730	644,480
Pour les colonies françaises....	»	»	39,652	720	365	13 50	»	»	»	»	»	21,205 80	»	»	30	14,000
Pour l'étranger..	»	»	3,245,902	436	861	12,187 40	»	»	»	»	»	280 00	»	»	60	1,100
TOTAUX.	20,054,223	4,775	3,289,582	251,764	4,543	19,543 90	520,076	143,015	»	»	94,352	21,485 80	»	820	659,580
1834.															
Pour France....	26,257,730	3,478	2,690	729,627	4,650	4,596 10	617,590	117,729	1,654	»	57,300	»	1,003	»	609,842
Pour les colonies françaises....	»	»	116,264	1,200	270	360 00	»	»	»	»	»	1,415 00	»	»	»
Pour l'étranger..	»	»	3,254,008	»	141	6,346 00	»	»	»	»	»	260 00	»	»	2
TOTAUX.	26,257,730	3,478	3,379,962	730,827	5,061	11,302 10	617,590	117,729	1,654	»	57,300	1,675 00	1,903	540	609,844
1835.															
Pour France....	24,374,470	4,135	»	505,713	1,598	8,053 80	208,030	98,396	»	190	59,794	182 80	2,009	»	1,381,468
Pour les colonies françaises....	»	»	76,600	2,600	400	»	»	»	»	»	»	32,339 45	»	160	»
Pour l'étranger..	»	»	3,484,808	100	2,038	7,764 50	»	»	»	»	»	57 00	»	380	427
TOTAUX.	24,374,470	4,135	3,561,408	508,473	4,036	15,818 30	208,030	98,396	»	190	59,794	32,569 25	2,009	540	1,381,895
TOTAUX pour les cinq années.	120,864,980	173,551	19,778,584	1,679,860	42,350	81,132 80	2,426,604	594,768	4,527	240	355,126	56,674 75	5,054	1,933	4,717,270
Moyenne des cinq années....	24,172,996	34,710	3,955,717	335,974	8,470	16,226 56	485,320	118,954	905	50	71,025	11,338 18	1,013	386	943,454

Indépendamment des denrées dénommées dans le tableau précédent, il a été exporté de la Martinique, pour diverses destinations et surtout pour France, quelques autres marchandises, telles que bois d'ébénisterie, peaux brutes et cornes de bétail, écailles de tortue, tuiles plates et poterie de terre grossière, dont la valeur n'a qu'une importance fort minime.

Tableau général du mouvement commercial de la Martinique pendant l'année 1835.

Voici maintenant le tableau complet du mouvement commercial de la Martinique pendant l'année 1835. Le montant des exportations de France pour la Martinique, et celui des importations de la Martinique en France sont extraits du Tableau général de l'administration des douanes, et basés par conséquent sur les évaluations faites en France des marchandises importées et exportées[1]. Le reste est extrait des états dressés par l'administration coloniale, et dès lors ce sont les prix courants du marché colonial qui ont servi de base à l'estimation des valeurs qui y figurent.

IMPORTATIONS DANS LA COLONIE.				TOTAUX généraux.
Denrées et marchandises françaises..........	expédiées de France....	16,658,898	17,940,586	fr. 20,415,642
	importées des colonies françaises..........	1,281,688		
Denrées et marchandises étrangères importées...	par navires français.....	582,932	2,475,056	
	par navires étrangers....	1,892,124		
EXPORTATIONS DE LA COLONIE.				
Denrées et marchandises de la colonie..........	importées en France....	16,244,440	16,846,867	18,234,839
	expédiées pour les colonies françaises.......	45,045		
	expédiées pour l'étranger	557,382		
Denrées et marchandises (provenant de l'importation)..............	françaises.............	1,267,919	1,387,972	
	étrangères.............	120,053		
TOTAL général.................				38,650,481

[1] Voir ci-dessus la note des pages 113 et 114.

En 1835, les mouvements de la navigation commerciale ont eu pour résultat, à la Martinique, en ce qui regarde les navires français :

1° L'entrée à la Martinique de 363 navires français, jaugeant 49,976 tonneaux, et montés de 3,535 hommes d'équipage ; 2° la sortie de la colonie de 368 navires français, jaugeant 50,238 tonneaux, et montés de 3,341 hommes d'équipage.

Voici, au reste, le tableau général des mouvements de la navigation à laquelle le commerce maritime de la Martinique a donné lieu en 1835.

DÉSIGNATION DES LIEUX de provenance ou de destination.	BÂTIMENTS ENTRÉS DANS LA COLONIE.					BÂTIMENTS SORTIS DE LA COLONIE.				
	NAVIRES FRANÇAIS.			NAVIRES étrangers. (Nombre.)	TOTAL DES BÂTIMENTS entrés.	NAVIRES FRANÇAIS.			NAVIRES étrangers. (Nombre.)	TOTAL DES BÂTIMENTS sortis
	Nombre de navires.	Tonnage.	Nombre d'hommes d'équipage.			Nombre de navires.	Tonnage.	Nombre d'hommes d'équipage.		
1° *France.*										
Bayonne............	1	230	12	"	1	"	"	"	"	"
Bordeaux...........	30	7,438	404	"	30	25	6,316	345	"	25
Cherbourg.........	10	2,445	130	"	10	2	426	22	"	2
Dunkerque........	13	2,527	132	"	13	10	1,910	96	"	10
Granville..........	3	912	42	"	3	"	"	"	"	"
Havre.............	35	10,133	489	"	35	45	12,229	613	"	45
Marseille..........	43	11,415	568	"	43	42	10,821	558	"	42
Nantes............	14	3,502	186	"	14	9	1,937	116	"	9
TOTAUX....	149	38,608	1,963	"	149	133	33,639	1,750	"	133
2° *Colonies et pêcheries françaises.*										
Guyane française....	3	156	22	"	3	3	156	22	"	3
Guadeloupe........	120	3,368	756	"	120	131	5,177	835	"	131
Terre-Neuve........	22	3,560	246	"	22	6	957	66	"	6
TOTAUX....	145	7,084	1,024	"	145	140	6,290	923	"	140
3° *Pays étrangers* (A).										
Navires français venant de l'étranger ou y allant............	69	4,284	548	"	69	95	10,309	668	"	95
Navires américains...	"	"	"	(A) 96	96	"	"	"	(A) 100	100
Navires anglais.....	"	"	"	(A) 302	302	"	"	"	(A) 301	301
Navires espagnols....	"	"	"	(A) 19	19	"	"	"	(A) 20	20
Navires hollandais...	"	"	"	(A) 4	4	"	"	"	(A) 4	4
Navires suédois......	"	"	"	(A) 12	12	"	"	"	(A) 12	12
TOTAUX....	69	4,284	548	433	502	95	10,309	668	437	532
TOTAUX GÉNÉRAUX.	363	49,976	3,535	433	796	368	50,238	3,341	437	805

OBSERVATION.

(A) On n'a pas l'indication exacte du tonnage des navires étrangers employés au commerce des Antilles françaises. On se borne donc à faire observer ici : 1° que les bâtiments anglais sont pour la plupart des caboteurs; 2° que tous ces navires étrangers ne font pas avec nos colonies un commerce proportionné à leur tonnage, ainsi qu'on peut s'en convaincre en comparant ce tonnage avec les quantités et les valeurs des marchandises importées et exportées sous pavillon étranger.

Les bricks, goëlettes et bateaux immatriculés à la Martinique, et affectés, soit au grand, soit au petit cabotage, sont
au nombre de 53. Leur tonnage réuni s'élève à 2,562 tonneaux. Voici le détail de ces bâtiments et embarcations :

	GRAND CABOTAGE.	PETIT CABOTAGE.	TOTAL.
Bricks....................	1	n	1
Goëlettes..................	3	9	12
Bateaux...................	n	40	40
	4	49	53

La colonie possède en outre, depuis 1832, un brick qui
fait des voyages au long cours.

CHAPITRE XIII.

MONNAIES, POIDS ET MESURES.

La Martinique ne pouvant, d'après sa législation commerciale, vendre qu'à la France les denrées qu'elle produit
(les sirops et mélasses exceptés), elle se trouve exposée à voir
sortir continuellement les espèces monétaires qu'elle possède
pour solder le prix des marchandises qu'elle est autorisée à recevoir de l'étranger. Il en résulte pour elle une pénurie habituelle de numéraire, que viennent accroître encore les re-
mises considérables à faire en France, soit pour subvenir aux
besoins des colons qui résident temporairement dans le
royaume, soit pour réaliser les fortunes des familles qui viennent s'y établir et qui y dépensent leurs revenus[1].

. Les monnaies de France furent d'abord celles de la Martinique. En 1698, on abolit définitivement les payements en
sucre, mais les monnaies furent altérées; de nombreuses
fraudes se commirent, et pour retenir les espèces dans la colonie, on imagina d'en surhausser la valeur. C'est ainsi que
de 1716 à 1722, la piastre fut portée de 3 livres 15 sous à

---

[1] Des renseignements dignes de foi font connaître que, de 1831 à 1835
seulement, une vingtaine de familles de la Martinique sont venues s'établir
en France : on peut évaluer leurs fortunes réunies à dix millions de francs
en capital. Presque tous les revenus nets des Antilles françaises sont placés
ou dépensés dans la métropole, même par ceux des colons qui ne sont pas
établis en France.

8 livres. A cette même époque, les finances de la métropole se trouvaient elles-mêmes dans un grand désordre par l'effet du système de Law. En 1726 le marc d'argent ayant été fixé en France à 51 francs, le gouvernement métropolitain porta, par décision du 14 juin, le marc d'argent, dans les Antilles françaises, à 75 livres, et le pair légal de la *livre coloniale* fut fixé à 150 livres coloniales pour 100 livres tournois. Ce surhaussement ne s'arrêta pas là : le pair légal de la livre coloniale fut successivement porté, en 1805, à 166 livres coloniales 2/3 pour 100 francs ; et, en 1817, à 180 livres coloniales pour 100 francs [1].

Afin de mettre un terme à ces variations, qui froissaient de nombreux intérêts et qui engendraient la défiance et le discrédit, le gouvernement prit le parti de substituer à la computation en livres coloniales les règles monétaires de la France. En conséquence, une ordonnance royale, du 30 août 1826 rendit la computation monétaire du royaume applicable à la Martinique, avec cette modification que certaines monnaies étrangères (dénommées dans le tarif ci-après) y seraient admises à un cours légal et forcé, et que ce cours serait déterminé par la comparaison de la valeur intrinsèque de chaque pièce avec celle du franc.

Lorsque cette ordonnance fut mise en vigueur à la Martinique, il existait, dans la circulation de la colonie, un grand nombre de pièces d'or d'Espagne, dites *doublons* ou *quadruples*. La valeur comparative de l'or avec l'argent ayant été réglée, en 1817, par un tarif local, dans le rapport de 1 à 15, tel qu'il est légalement établi en France, la valeur attribuée au doublon d'or se trouvait être de 81 francs 25 centimes.

[1] A la Guadeloupe le pair légal fut même porté à 185 livres coloniales pour 100 francs.

L'ordonnance du 30 août 1826 en fixa le cours légal à 81 francs 51 centimes; mais en réalité le cours de cette pièce était de 86 francs 40 centimes, valeur égale à celle de 16 piastres.

Cette valeur ayant été maintenue spontanément par les habitants de la Martinique, afin de conserver dans le pays la monnaie qui sert le plus utilement aux transactions du commerce, le gouvernement jugea que, dans l'état où se trouvait alors la circulation monétaire de l'île, il convenait de modifier sur ce point l'ordonnance royale du 30 août 1826. Le trésorier de la colonie fut, en conséquence, autorisé, par une décision royale du 26 août 1827, à recevoir, dans les caisses publiques, le doublon à raison de 86 francs 40 centimes.

Telle est encore aujourd'hui la législation monétaire de la Martinique. Les seules modifications qu'elle ait éprouvées depuis 1827 sont, 1° la démonétisation (en vertu d'une ordonnance royale du 24 février 1828) de pièces de billon de 7 centimes 1/2, connues dans la colonie sous les dénominations de *noirs* et d'*étampés;* 2° la mise à exécution à la Martinique de la loi du 14 juin 1829, relative à la démonétisation des anciennes espèces duodécimales d'or et d'argent.

Escomptes. Bien que le taux légal de l'intérêt de l'argent soit fixé à 6 pour 100 en matière commerciale à la Martinique, il paraît constant que les escomptes ne s'y font point en général à un taux inférieur à 12 pour 100; et encore, dans ce taux, ne se trouvent souvent point compris les frais de courtage et de commission.

Monnaies ayant cours à la Martinique. Les monnaies d'or et d'argent ayant cours à la Martinique sont celles de la France, du Portugal, de l'Espagne et de l'Angleterre.

Voici le tarif de ces monnaies, tel qu'il a été fixé par l'ordonnance royale du 30 août 1826 et par la décision royale du 26 août 1827 :

DÉSIGNATION DES MONNAIES.	POIDS légal.	TITRE légal.	VALEUR
MONNAIES D'OR.	grammes.	millièmes de fin.	fr. c.
Pièces françaises de { 40 francs	12 9032	900	40 00
{ 20 francs	6 4516	Idem.	20 00
Pièces anglaises, dites { guinée	8 3802	917	26 47
{ souverain	7 9808	Idem.	25 20
Pièce portugaise, dite *lisbonine, moëde,* ou *portugaise.*	14 334	Idem.	45 28
Pièces espagnoles, dites { quadruple ou doublon	27 045	875	86 40
{ demi doublon	13 0225	Idem.	43 20
{ quart de doublon	6 51125	Idem.	21 60
{ huitième de doublon	3 255625	Idem.	10 80
{ seizième de doublon	1 6278125	Idem.	5 40
MONNAIES D'ARGENT.	grammes.	dixièmes de fin.	
Pièces françaises de { 5 francs	25	9	5 00
{ 2 francs	10	Idem.	2 00
{ 1 franc	5	Idem.	1 00
{ 1/2 franc	2 50	Idem.	0 50
	grammes.	millièmes de fin.	
Pièces espagnoles { piastre-gourde	26 98	896	5 40
demi-gourde	13 49	Idem.	2 70
quart de gourde	6 745	Idem.	1 35
cinquième de gourde	5 396	Idem.	1 08
huitième de gourde	3 3725	Idem.	0 62½
dixième de gourde	2 6980	Idem.	0 54
vingtième de gourde, ou réal de veillon	1 3490	Idem.	0 27
MONNAIES DE BILLON.			
Pièces de billon (fabriquées exprès { de 5 centimes	"	"	0 5
pour la colonie) { de 10 centimes	"	"	0 10

Un arrêté local, du 7 août 1827, a mis en vigueur à la Martinique, à dater du 1er juin 1828, le système métrique adopté dans la métropole pour les poids et mesures. Les anciennes mesures de Paris, telles que le pied, la toise, l'aune, la livre et leurs subdivisions, étaient restées jusque-là en usage dans la colonie.

Le tableau suivant donne la réduction en mesures nouvelles de ces mesures anciennes et de quelques autres mesures, soit locales, soit étrangères, employées à la Martinique:

MESURES ANCIENNES (françaises, locales et étrangères).	CONVERSION EN MESURES du système métrique.		OBSERVATIONS.
1° *Mesures de longueur.*	mètr.		[1] Le carré de la Martinique a 100 *pas* de chaque côté, ou 122,500 pieds carrés. Le *pas* est de 3 pieds 6 pouces.
Pied de roi, de 12 pouces.............	0	32484	
Toise de 6 pieds......................	1	93904	
Aune de Paris.........................	1	18845	
Pied américain (en usage pour le mesurage des bois des États-Unis).............	0	304794	
Lieue terrestre de 25 au degré..........	444	44	
Lieue marine..........................	555	56	[2] À la Martinique, comme en France, la *pinte* se subdivise en 2 chopines; la chopine en 2 roquilles et la roquille en 2 muces.
2° *Mesures de superficie.*	hect.		
Carré (mesure agraire de la colonie)[1]....	1	2926	
Toise carrée...........................	3 m. carr. 798744		
Pied carré.............................	0	105521	
3° *Mesures cubiques.*	mètr. cube.		[3] Le gallon est une mesure en usage pour les liquides; le plus habituellement, il est compté pour deux pots; il équivaut alors à 3 lit. 724.
Pied cube.............................	0	342773	
Toise cube............................	7	40389	
Corde de 8 pieds de couche sur 4 pieds de haut, la bûche ayant 4 pieds de long.	stér. 4	387	
Corde de 6 pieds de couche, sur 4 pieds de haut, la bûche ayant 4 pieds de long.	3	29	[4] Cette espèce de baril est une mesure de capacité pour les légumes secs. Il se subdivise en demi, en quart ou fréquin, et en demi-quart.
4° *Mesures de capacité.*	litr.		
Pinte de Paris[2]........................	0	9313	
Pot de 2 pintes........................	1	863	
Gallon (mesure anglaise), d'environ deux pots[3]................................	3	440 [5]	
Baril[4], de 55 pots.....................	102	465	[5] On ne prend généralement qu'au jaugeage les denrées renfermées dans ces *barils*, *tierçons*, *boucauts* et *barriques*; attendu les variations de leur contenance.
Baril de sirop, de 30 gallons[5].........	103	200	
Tierçon de sirop, de 65 gallons[5]......	223	600	
Boucaut de sirop, de 105 gallons[5]....	361	200	
Boucaut de rhum, de 114 gallons[5].....	392	160	
Barrique de 100 pots ([5] et [6])...........	186	200	[6] Le sucre ne se vend généralement qu'au poids, la contenance de la barrique étant trop incertaine.
5° *Poids.*	kilogr.		
Livre de 16 onces......................	0	48951	
Quintal...............................	48	951	
Baril de farine, de 180 livres...........	88	1111	
Barrique de sucre, de 10 quintaux[6].....	489	5060	
Tonneau de 20 quintaux...............	979	0120	

CHAPITRE XIV.

ÉTABLISSEMENTS D'UTILITÉ PUBLIQUE [1].

Les écoles et institutions élémentaires existant à la Marti-nique s'élevaient, en 1836, à 52, savoir :

Arrondissement du Fort-Royal...... 17 } 52
Arrondissement de Saint-Pierre..... 35 }

Parmi ces écoles, on en compte trois consacrées à l'ensei-gnement mutuel ; deux (l'une à Saint-Pierre et l'autre au Fort-Royal) sont exclusivement fréquentées par des garçons appar-tenant à l'ancienne classe de couleur libre ; le nombre des élèves est d'environ 150 dans chacune. La troisième, qui est établie au Fort-Royal, est une école pour les filles : il y a environ 60 à 70 élèves, toutes de couleur.

Les autres communes de la colonie ont presque toutes ac-tuellement un instituteur primaire. Les écoles primaires diri-gées par des hommes de couleur ne sont fréquentées que par des enfants de couleur. Nulle part le mélange des classes ne se fait encore remarquer.

Indépendamment de ces institutions, dans la plupart des-quelles on se borne à l'enseignement purement élémentaire, et de quatre pensionnats particuliers, établis à Saint-Pierre et au Fort-Royal, où l'instruction des élèves n'est pas poussée

[1] Voir dans la *Notice préliminaire*, page 12, ce qui est dit relativement au dépôt des chartes et archives de la marine et des colonies.

très-loin, et où il n'y a que des enfants blancs, il existe à Saint-Pierre un pensionnat royal, dirigé avec beaucoup de succès par les dames religieuses de la congrégation de Saint-Joseph de Cluny, où les demoiselles reçoivent une éducation très-distinguée. Il n'y a eu jusqu'ici que des élèves de la population blanche dans ce pensionnat, qui compte une quarantaine d'élèves payant par an 1,200 francs de pension. L'administration locale s'est réservé le droit de disposer de six bourses, dans cet établissement, en faveur des familles peu aisées qui paraissent dignes de ce bienfait.

On a plusieurs fois cherché à faciliter la formation d'un collége à la Martinique, mais on n'y a point réussi. Les familles préfèrent en général envoyer leurs fils en France pour y recevoir les principes de l'éducation métropolitaine, et cette disposition a été favorisée par la fondation, dans les colléges royaux de France, de six bourses destinées aux créoles de la colonie. On évalue à plus de 200 le nombre des créoles de la Martinique placés en ce moment dans les colléges de France, et dans ce nombre les jeunes créoles appartenant à l'ancienne classe de couleur libre figurent pour un quart environ.

Les six bourses fondées dans les colléges royaux de France sont constamment occupées. Il n'en est pas de même de trois autres bourses dans la maison royale de Saint-Denis, que le département de la marine a également obtenues de la bienveillance royale pour les jeunes personnes de la Martinique.

Hospices et hôpitaux.

Il existe, dans chacune des villes du Fort-Royal et de Saint-Pierre, un hôpital où, indépendamment des militaires de la garnison, et des marins des bâtiments de l'État et du commerce, on reçoit les employés civils, les indigents de la

classe libre, et les noirs du domaine colonial. Ces deux hôpitaux sont confiés à des entrepreneurs, dont on se plaît en général à reconnaître la bonne gestion. L'hôpital du Fort-Royal
pourra, après l'achèvement d'un bâtiment neuf qui est en
construction, contenir 400 lits. Les deux hôpitaux réunis
peuvent recevoir 700 à 800 malades. Ils ont deux succur-
sales, l'une au Marin et l'autre à la Trinité.

Il y a en outre, au Fort-Royal, une maison de charité entretenue au compte de la caisse municipale. Une quarantaine
de pauvres infirmes des deux sexes sont placés dans cet hospice où ils reçoivent la nourriture et le logement. Un établissement du même genre va être fondé à Saint-Pierre.

Des asiles spéciaux sont ouverts à Saint-Pierre pour les aliénés et pour les orphelines, et au Fort-Royal pour les orphelins
et les enfants trouvés. Le nombre des individus traités dans
l'hospice des aliénés se maintient généralement entre 14 et 15;
l'hospice des orphelins et des enfants trouvés contient environ
50 enfants. Cet établissement est bien tenu, et les enfants
des deux sexes y sont mis à portée de travailler d'une manière
utile à la colonie et à eux-mêmes lorsqu'ils sont en âge de
sortir de l'établissement.

On compte à la Martinique 31 édifices consacrés au culte. **Eglises.**
Chaque commune a une église et un presbytère. Tous ces
édifices, entretenus et réparés aux frais des fabriques, sont en
bon état.

Il existe à la Martinique trois bureaux principaux de bien- **Bureaux de bienfaisance.**
faisance, deux à Saint-Pierre et un au Fort-Royal. Ils pour-
voient à la distribution des secours à domicile, à la réalisation
et à l'emploi des legs ou donations de bienfaisance, qui, toutefois, ne peuvent avoir leur effet qu'après l'autorisation du gou-

vernement, enfin à toutes les mesures qu'exige l'intérêt des pauvres dont ces bureaux ont la tutelle.

Il existe, dans plusieurs communes de la colonie, d'autres bureaux de bienfaisance qui reçoivent des secours du gouvernement, par l'intermédiaire des bureaux principaux du Fort-Royal et de Saint-Pierre. Une dotation annuelle de 30,000 fr. est faite sur la caisse coloniale comme supplément aux réserves locales.

Prisons.

Il existe à la Martinique quatre prisons ou geôles, deux au Fort-Royal et deux à Saint-Pierre.

Celles du Fort-Royal sont : 1° la *geôle neuve*, prison civile et militaire, pouvant contenir 150 prisonniers; 2° la *vieille geôle*, qui est exclusivement réservée aux esclaves, et qui peut en contenir 200.

Celles de Saint-Pierre sont : 1° la *vieille geôle*, où l'on renferme des individus libres et esclaves, et qui peut contenir 200 détenus; 2° la *prison des peines*, qui peut recevoir 100 prisonniers, et où sont détenus les libres condamnés à l'emprisonnement, les prisonniers pour dettes, et quelques esclaves.

Le régime intérieur de ces établissements s'est beaucoup amélioré depuis quelque temps; ils sont tenus maintenant d'une manière satisfaisante.

Il y a en outre à la Trinité une maison de dépôt.

Société médicale
d'émulation.

La société médicale d'émulation de la Martinique, dont l'existence date de 1821, a été créée à l'imitation des sociétés de médecine de Paris et des grandes villes de France. Son but est de contribuer aux progrès de la médecine et des sciences qui s'y rattachent immédiatement. Elle se compose de ceux des médecins, chirurgiens et pharmaciens de l'île qui présentent à cet effet des titres valables. Elle tient ses séances, les 1er et 15 de chaque mois, à Saint-Pierre, et y donne des consultations gratuites.

Il existe deux comités de vaccine à la Martinique, l'un à Saint-Pierre, l'autre au Fort-Royal; ils y ont été créés à la fin de 1819. Leur but est la propagation de la vaccine dans la colonie; ils s'assemblent une fois par mois; le curé du Fort-Royal et celui de la paroisse du Mouillage à Saint-Pierre en font partie.

Comités de vaccine.

Depuis 1820, il existe deux bureaux de commerce à la Martinique; l'un à Saint-Pierre, composé de sept membres et de quatre suppléants; l'autre au Fort-Royal, composé de cinq membres et de deux suppléants; les membres sont renouvelés par moitié tous les trois ans. Pour être nommé membre, il faut avoir fait, en personne, le commerce, en France ou dans les colonies françaises, au moins pendant cinq années.

Bureaux de commerce.

Les attributions des bureaux de commerce de la Martinique sont :

De présenter des vues sur les moyens d'améliorer la situation du commerce;

De faire connaître au gouvernement les causes qui en arrêtent les progrès;

D'indiquer les ressources que l'on peut se procurer;

De surveiller l'exécution des travaux publics dont le commerce fait les frais en totalité ou en partie, et l'exécution des lois, ordonnances et arrêtés concernant la contrebande;

De fournir les parères, etc.

Le but de la formation du jardin colonial des Plantes, créé à la Martinique en 1803, a été de naturaliser dans la colonie les plantes des Indes-Orientales et principalement les épiceries;

Jardin colonial des Plantes.

de fournir au jardin des plantes de la métropole celles qui pourraient y manquer; de rassembler les plantes indigènes, et de former un dépôt de plantes médicinales pour l'usage des pauvres. Depuis 1816 jusqu'à ce jour, le jardin botanique de Saint-Vincent, et les colonies françaises de Bourbon et de Cayenne l'ont enrichi d'un grand nombre de plantes précieuses.

Imprimeries.   Il existe deux imprimeries particulières à la Martinique; elles sont toutes deux établies à Saint-Pierre; l'une d'elles est chargée des impressions du gouvernement de la colonie.

On y imprime le *Journal officiel de la Martinique,* une autre gazette paraissant sous le titre de *Courrier de la Martinique,* l'*Almanach de la Martinique,* publié chaque année, et le *Bulletin officiel de la Martinique,* recueil mensuel renfermant les lois, ordonnances royales, décrets coloniaux, arrêtés locaux et autres actes intéressant la colonie.

NOTICE STATISTIQUE

SUR

LA GUADELOUPE

ET SES DÉPENDANCES.

CHAPITRE PREMIER.

INTRODUCTION HISTORIQUE.

Le groupe d'îles qui se compose de la Guadeloupe, de Marie-Galante, de la Désirade et des Saintes, fut découvert par Christophe Colomb dans les premiers jours du mois de novembre 1493. La Guadeloupe était alors habitée par des Caraïbes, paraissant appartenir à la même race que ceux qui peuplaient les autres îles de l'archipel des Antilles.

Découverte de la Guadeloupe et fondation de la colonie.

Près d'un siècle et demi s'écoula sans qu'aucun Européen s'établît dans ces îles. Enfin, en 1635, L'Olive, lieutenant général de d'Esnambuc, gouverneur français de Saint-Christophe, et un gentilhomme nommé Duplessis, envoyés par la compagnie des îles de l'Amérique pour prendre possession de la Guadeloupe, y débarquèrent, le 28 juin, avec 550 personnes, dont 400 étaient des laboureurs, qui, moyennant leur passage gratuit, s'étaient engagés à travailler pendant trois années pour le compte de la compagnie.

Les commencements de la colonie ne furent pas heureux. La famine, les maladies, l'excès du travail et la barbarie de L'Olive, décimèrent les colons. Duplessis, homme doux et prudent, mourut moins de six mois après son arrivée dans l'île.

Expulsion des Caraïbes.

Resté seul gouverneur de la colonie, L'Olive déclara la guerre aux Caraïbes, qui voulaient résister aux déprédations des nouveaux colons. Cette guerre cruelle dura quatre années, à la suite desquelles les Caraïbes furent forcés de se retirer à la Dominique et dans la partie de la Guadeloupe appelée la Grande-Terre. Il y eut une seconde guerre contre eux en 1655, et une troisième en 1658; mais, en 1660, la colonie se vit tout à fait délivrée de leurs attaques par un traité de paix, conclu le 31 mars, lequel concentra à la Dominique et à Saint-Vincent les débris de cette race, dont le nombre n'excédait pas alors six mille individus. Depuis ce moment, toute guerre avec les Caraïbes cessa dans les Antilles. On retrouve encore aujourd'hui quelques-uns de leurs descendants à la Guadeloupe. Ils habitent particulièrement le quartier du gros cap vers l'anse des corps à la Grande-Terre, et ressemblent assez aux mulâtres, avec lesquels ils se confondent d'ailleurs quant au langage et aux mœurs.

Progrès de la colonisation durant les quinze premières années.

Le souvenir des maux que les colons français avaient éprouvés au début de la colonisation les excita puissamment à se livrer aux cultures de première nécessité, qui précédèrent la culture des denrées coloniales. Le petit nombre d'habitants échappé à la famine et aux misères des premiers temps fut bientôt grossi par quelques colons de Saint-Christophe, par des Européens avides d'entreprises, par des matelots et par des officiers de la marine marchande, las de courir les hasards de la mer. C'est ainsi que la colonie commença à prendre quelque accroissement. Mais les trois compagnies qui eurent successivement, de 1626 à 1642, la propriété de la Guadeloupe et des autres îles de l'Amérique, ayant été ruinées par diverses causes, se virent contraintes de vendre à leurs propres agents des possessions qui leur étaient beaucoup plus onéreuses que profitables.

Le 4 septembre 1649, le marquis de Boisseret acheta, de la dernière de ces compagnies, la *Guadeloupe*, *Marie-Galante*, la *Désirade* et les *Saintes* pour le prix de 60,000 livres tournois et de 600 livres pesant de sucre par an. Il céda la moitié de son marché au sieur Houel, son beau-frère; et ces nouveaux possesseurs devinrent tout à la fois propriétaires et seigneurs des îles acquises par eux.

Achat de la Guadeloupe et de ses dépendances par le marquis de Boisseret, en 1649.

Pendant cette seconde période, l'agriculture fit des progrès. Au commencement de l'année 1653, cinquante Hollandais, chassés du Brésil, vinrent se réfugier à la Guadeloupe avec mille à douze cents métis et esclaves noirs. Ils y établirent des sucreries qui prospérèrent. La culture de la canne eut bientôt remplacé celle du tabac, qui appauvrissait les terres, et dont les produits commençaient d'ailleurs à dégénérer. Cette nouvelle exploitation agricole répandit l'aisance parmi les colons.

Extension que prend la culture de la canne à sucre à dater de 1653.

La domination des seigneurs propriétaires de la Guadeloupe dura quinze années. Leurs exactions provoquèrent des troubles fréquents; les choses en vinrent même au point que la colonie se vit menacée d'un entier bouleversement. C'est dans cette situation que Colbert détermina Louis XIV à ache-

La Guadeloupe et ses dépendances sont rachetées, en 1664, par le gouvernem[t], et réunies, en 1674, au domaine de l'Etat.

ter la Guadeloupe et ses dépendances. L'acquisition eut lieu
en 1664 pour le prix de 125,000 livres tournois. Colbert
forma alors, sous le nom de compagnie des Indes-Occidentales,
une nouvelle compagnie privilégiée à laquelle la Guadeloupe
fut remise. Cette compagnie ayant eu le sort des précédentes, le
roi en prononça la dissolution en 1674 et en paya les dettes. A
dater de ce moment, la Guadeloupe fut, comme les autres îles
françaises du nouveau monde, réunie au domaine de l'état ;
et tous les Français eurent la liberté d'y commercer.

Obstacles
qui s'opposent
au développement
de la colonie,
de 1674 à 1713.

Quoique délivrée de la plus grande partie des entraves qui
jusqu'alors avaient ralenti ses progrès, la colonie rencontra
encore des obstacles au développement de sa prospérité. Placée
sous la dépendance de la Martinique, siége du gouvernement
civil et militaire des Antilles, elle n'eut qu'une faible part dans
les encouragements accordés par la métropole à ses établissements d'outre-mer ; d'un autre côté, les compagnies en possession du privilége exclusif de faire la traite des noirs,
n'introduisant dans nos îles d'Amérique qu'un nombre restreint d'esclaves, afin que le prix en demeurât toujours élevé,
la Guadeloupe manqua de bras pour ses cultures ; des prohi-
bitions et de lourds impôts concoururent en outre à empêcher
l'accroissement des produits agricoles ; enfin, les maux de la
guerre vinrent assaillir la colonie. Toutefois trois attaques que
les Anglais dirigèrent en 1666, 1691 et 1703 contre la Guadeloupe, furent repoussées avec énergie et succès.

Progrès
de la colonie,
de 1713 à 1759.

Après la paix d'Utrecht, les progrès de la colonie furent
sensibles. Cet état florissant dura quarante-six ans environ. La
population de la colonie s'élevait, à la fin de cette période, à
9,643 blancs, et à 41,000 esclaves ; et l'on y comptait 350 sucreries, rapportant annuellement de neuf à dix millions de kilo-

grammes de sucre, sans parler du café, du coton, du cacao, de l'indigo et de quelques autres denrées coloniales, dont la culture avait également pris une assez grande extension.

En 1759, la Guadeloupe tomba avec ses dépendances au pouvoir des Anglais, malgré une résistance qui ne se prolongea pas moins de trois mois, et durant laquelle les habitants virent détruire leurs plantations, brûler leurs bâtiments d'exploitation et enlever une partie de leurs esclaves. Mais cette occupation étrangère fut en résultat avantageuse à la colonie. L'Angleterre considérant sa conquête comme définitive, fit de grands efforts pour en augmenter la valeur. Elle multiplia ses expéditions pour la Guadeloupe et y introduisit près de 19,000 esclaves. Après une domination de quatre ans et quelques mois, le traité de paix conclu en 1763 entre l'Angleterre et la France stipula la restitution de la colonie à sa métropole.

Première occupation anglaise.

L'état florissant où se trouvait alors la Guadeloupe attira sur cette colonie l'attention du gouvernement. Subordonnée à la Martinique pendant près d'un siècle, la Guadeloupe n'avait jusqu'alors reçu directement des ports de France que six à sept navires chaque année, à cause de l'obligation où elle était d'envoyer toutes ses denrées sur les marchés de la Martinique et d'y acheter tous ses objets de consommation. En reprenant possession de l'île, le gouvernement lui donna une administration indépendante de celle de la Martinique. Mais cet état de choses subsista tout au plus six années. Les considérations militaires qui avaient déterminé la réunion des deux îles sous une même autorité, reprirent le dessus, et en 1769 on replaça la Guadeloupe sous la dépendance de la Martinique. On finit toutefois par s'apercevoir que les avantages qu'on espérait de cette réunion pour la défense commune

Situation de la colonie depuis sa restitution à la France en 1763 jusqu'en 1775.

des deux îles en temps de guerre, étaient devenus illusoires depuis que l'île française de la Dominique, qui est située entre l'une et l'autre, avait été cédée à l'Angleterre; et en 1775 la Guadeloupe fut définitivement constituée colonie indépendante de la Martinique.

Commerce
et population
de la colonie,
en 1790.

Dès lors ses progrès allèrent toujours croissants, et, malgré un terrible ouragan qui ravagea le pays le 6 septembre 1776, malgré la guerre de l'indépendance des États-Unis d'Amérique, la Guadeloupe était parvenue à un très-haut degré de prospérité au moment où éclata la révolution de 1789.

Il résulte de documents officiels qu'en 1790 le montant total de son commerce avec la France et l'étranger s'éleva à la somme de 31,865,000 francs[1], dont 20,667,000 francs en denrées et marchandises exportées de la colonie[2]. La même année, le nombre des navires expédiés de France pour la

---

[1] Ce chiffre se décompose ainsi :

Commerce avec la France.	Importation de la Guadeloupe en France............	18,541,702f	24,586,397f
	Exportation de France à la Guadeloupe............	6,044,695	
Commerce avec l'étranger.	Exportation de la Guadeloupe pour l'étranger............	2,125,535	7,279,539
	Importation de l'étranger à la Guadeloupe............	5,154,004	

TOTAL............ 31,865,936

[2] Les principales denrées importées de la Guadeloupe, en France, en 1790, se sont élevées aux quantités suivantes; savoir :

Sucre (brut, terré et tête)............ 8,725,750 kilogr.
Café............ 3,710,850
Cacao............ 269,000
Coton............ 257,850

Guadeloupe fut de 59, et celui des navires expédiés de la Guadeloupe en France de 49. Enfin, à la même époque, la population de la colonie montait à 107,226 individus, dont 13,938 blancs, 3,149 affranchis et 90,139 esclaves.

Ainsi que les autres îles françaises de l'archipel américain, la Guadeloupe ressentit le contre-coup des troubles révolutionnaires qui bouleversaient alors la France. Là, comme à la Martinique, les décrets rendus par la Convention nationale à l'égard des hommes de couleur et des esclaves furent suivis de grands désastres. La guerre civile, les révoltes de noirs, le massacre des blancs, l'incendie des habitations, les exécutions sanglantes, la spoliation des propriétés, les proscriptions et les émigrations d'un grand nombre de colons, tels furent les maux qui accablèrent la colonie. La guerre étrangère vint compléter la série de ses malheurs. Le 21 avril 1794, les Anglais se rendirent de nouveau maîtres de la Guadeloupe et de ses dépendances; mais ils ne gardèrent pas longtemps leur conquête. Une expédition française, composée de deux frégates et de 1,150 hommes, et commandée par les deux commissaires de la Convention, Chrétien et Victor Hugues, aborda à la Guadeloupe au commencement du mois de juin suivant; et après sept mois d'une lutte acharnée, à laquelle les habitants de la Guadeloupe prirent une glorieuse part, les Anglais, au nombre de 8,000, quoique bien approvisionnés, maîtres de la mer, et soutenus par de formidables escadres, se virent contraints de remettre la Guadeloupe, Marie-Galante et la Désirade au petit nombre de soldats français qu'avaient épargnés les combats et la fièvre jaune.

Lorsque la paix d'Amiens laissa un moment luire aux yeux des colons de la Guadeloupe l'espoir de meilleurs jours, le

Événements
de 1790 à 1816.

feu mal éteint de la guerre civile s'y ralluma, et peu s'en fallut cette fois que, comme Saint-Domingue, la Guadeloupe ne fût à jamais perdue. Elle échappa pourtant à ce désastre, mais ce ne fut pas sans des pertes considérables. Toutefois la guerre contre l'Angleterre, qui semblait devoir consommer la ruine de la colonie, lui procura au contraire des ressources inattendues: les corsaires de la Pointe-à-Pitre firent des courses heureuses et multipliées, qui fournirent à l'île des approvisionnements et augmentèrent ses ateliers de noirs par la prise de plusieurs bâtiments chargés d'esclaves. Le 6 février 1810, la Guadeloupe retomba encore une fois sous la domination des Anglais, qui s'étaient auparavant emparés de ses dépendances. Le traité de Paris du 30 mai 1814 restitua de nouveau la colonie à la France. Cette rétrocession fut consentie par la Suède, à qui les Anglais avaient cédé la Guadeloupe par le traité de Stockholm du 3 mars 1813, mais qui n'avait pas eu le temps d'en prendre possession. La colonie rentra sous la domination de la France le 14 décembre 1814. La nouvelle des événements des cent jours amena dans cette île une commotion politique dont les Anglais s'étayèrent pour l'envahir de nouveau le 10 août 1815; mais le 25 juillet 1816, la France rentra définitivement en possession de la colonie.

Comparaison de la situation de la colonie en 1818 et en 1835, sous le rapport agricole et commercial.

Les rapprochements suivants pourront donner une idée du degré d'accroissement et d'importance que la Guadeloupe et ses dépendances ont pris depuis 1818, sous le double rapport de l'agriculture et du commerce.

	NOMBRE D'HECTARES DE TERRES EN CULTURE.						MOUVEMENTS DU COMMERCE avec la France.			PRINCIPALES EXPORTATIONS DE LA COLONIE pour France.							
ANNÉES.	Sucre.	Café.	Coton.	Cacao.	Vivres.	TOTAL.	Importations de la colonie en France.	Exportations de France dans la colonie.	TOTAL.	Sucre brut. kil.	Sucre terré. kil.	Tafia. lit.	Café. kil.	Cacao. kil.	Coton. kil.	Girofle. kil.	Bois de teinture et d'ébénisterie. kil.
1818.........	17,567	4,988	3,248	60	6,565	32,437	18,214,283	8,036,664	26,250,947	18,939,682	2,967,725	674,252	980,710	11,701	229,770	328	114,965
1835.........	24,809	5,687	1,023	150	13,042	44,720	23,738,175	16,509,352	40,246,527	32,041,811	4,434	544,714	541,693	4,829	43,935	"	280,674
Augmentation.	7,242	699	"	90	6,477	12,283	5,523,892	8,471,688	13,995,580	13,102,129	"	"	"	"	"	"	165,709
Diminution...	"	"	2,225	"	"	"	"	"	"	"	2,963,291	129,538	439,017	6,872	185,835	328	"

CHAPITRE II.

TOPOGRAPHIE.

Iles
dont se compose
la colonie.

La colonie de *la Guadeloupe* se compose :

1° De l'île de *la Guadeloupe*, qu'un bras de mer très-étroit divise en deux parties nommées *Guadeloupe* proprement dite, et *Grande-Terre* ;

2° De quatre dépendances qui sont : les îles de *Marie-Galante*, des *Saintes*, de *la Désirade*, et les deux tiers environ de l'île *Saint-Martin*.

Situation
géographique.

L'île de *la Guadeloupe* est située dans l'océan Atlantique, et fait partie, ainsi que ses dépendances, du groupe des Petites-Antilles ou Iles du Vent. Elle gît entre 15° 59′ 30″ et 16° 40′ de latitude nord, et entre 63° 20′ et 64° 9′ de longitude O. du méridien de Paris, à 8 lieues au sud d'Antigues, à 11 lieues au nord de la Dominique, à 25 lieues au nord-ouest de la Martinique, et à environ 1,250 lieues marines, de 20 au degré, du port de Brest [1].

L'île de *Marie-Galante*, ainsi nommée par Christophe Colomb, du nom du vaisseau qu'il montait, gît par 16° de latitude nord et 63° 30′ de longitude ouest, à 5 lieues au sud de la partie orientale de la Guadeloupe.

Les Saintes, découvertes quelques jours après la Tous-

---

[1] La traversée de France à la Guadeloupe est de 30 jours environ, en calculant sur une marche de 40 lieues par jour; elle est un peu plus longue pour revenir de la Guadeloupe en France.

saint, reçurent le nom de *Los Santos* ; elles se composent de deux îles nommées *Terre-de-haut* et *Terre-de-bas*, de trois îlots et de quelques rochers. La pointe nord-ouest de la plus occidentale des deux îles se trouve par les 15° 51′ 25″ de latitude nord et les 64′ 1° 40″ de longitude ouest. Les Saintes sont situées à 3 lieues au sud-est de la Guadeloupe.

L'île de *la Désirade* est située par les 16° 20′ de latitude nord et les 63° 22′ de longitude ouest, à 2 lieues au nord-est de la Guadeloupe.

Les Hollandais et les Français se partagèrent l'île *Saint-Martin* en 1648 : la partie du nord échut aux Français. Cette île gît par 18° 4′ de latitude nord et 65° 25′ de longitude ouest, à 45 lieues au nord-ouest de la Guadeloupe ; elle est située entre les îles Saint-Barthélemy et Anguille, dans le canal par où débouquent les bâtiments allant des Petites-Antilles en Europe.

La Guadeloupe est de forme irrégulière ; elle est séparée en deux parties inégales par un petit détroit qui communique des deux côtés à la mer et que l'on appelle *la Rivière salée*.

Configuration et étendue.

La partie située à l'ouest du canal est *la Guadeloupe proprement dite* ; elle doit son origine à des éruptions volcaniques ; elle présente à peu près la forme d'une ellipse et renferme un assez grand nombre de mornes, de ravines, et de terrains inaccessibles ou peu propres à la culture. Elle est traversée par une chaîne de montagnes, dont la pente s'adoucit ou se termine de manière à laisser entre leurs bases et le rivage de la mer des étendues de terre plus ou moins considérables : c'est dans cette espèce de ceinture et sur les flancs praticables des mornes que sont établies les cultures et les habitations. On évalue la superficie de cette partie

à 82,289 hectares. Sa longueur du nord au sud est de 10
à 11 lieues de 4000 mètres; sa largeur de 5 à 6 lieues, et le
développement de ses côtes de 30 à 35 lieues. Elle comprend
quatorze quartiers, savoir : 1° la *Basse-Terre;* 2° le *Baillif,*
le *Parc et Matouba;* 3° les *Vieux-Habitants;* 4° *Bouillante;*
5° la *Pointe-Noire;* 6° *Deshayes;* 7° *Sainte-Rose;* 8° le
Lamentin; 9° la *Baie-Mahaut;* 10° le *Petit-Bourg;* 11° la
Goyave; 12° la *Capesterre;* 13° les *Trois-Rivières;* 14° le
Vieux-Fort-L'Olive.

La partie de l'île située à l'est de la Rivière-Salée porte le
nom de *Grande-Terre.* Elle s'élève peu au dessus du niveau de la mer. Sa forme approche de celle d'un triangle. On
évalue sa superficie à 55,923 hectares. Sa longueur de l'est
au nord ouest est d'environ 12 lieues; sa largeur du nord au
sud, de 7 lieues; et le développement de ses côtes, de 40 à 45
lieues. Les quartiers ou paroisses de la *Grande-Terre* sont
au nombre de dix, savoir : 1° la *Pointe-à-Pitre;* 2° *les
Abymes;* 3° le *Gozier;* 4° *Sainte-Anne;* 5° *Saint-François;* 6° le *Moule;* 7° l'*Anse-Bertrand;* 8° le *Port-Louis;*
9° le *Petit-Canal;* 10° le *Morne à l'Eau.*

Divers petits îlots sans importance sont semés sur les côtes
de la Guadeloupe, principalement entre la *Grande-Terre* et
la *Guadeloupe* proprement dite. Les *Iles-de-la-Petite-Terre,*
situées au sud-est de la *Pointe-des-Châteaux* (Grande-Terre),
sont les plus considérables par leur superficie, que l'on évalue
à 435 hectares.

L'île de *Marie-Galante,* la plus grande des dépendance
la Guadeloupe, est de forme presque circulaire. Sa circonférence a environ 14 lieues; sa longueur du nord au sud, 4
lieues; sa largeur, 3 lieues et demie; et sa superficie, 15,344

hectares. Excepté au sud-ouest, ses côtes sont bordées de très-hautes falaises taillées à pic, au pied desquelles sont des gouffres et des brisants qui ne permettent pas d'en approcher. L'île est divisée en trois paroisses ou quartiers qui sont : au sud, le *Grand-Bourg* ou *Marigot;* à l'est, la *Capesterre;* au nord-ouest, le *Vieux-Fort-Saint-Louis.*

Le groupe d'îles et d'îlots appelé *les Saintes,* a 2 lieues de longueur de l'est à l'ouest, une lieue de largeur, et 1,256 hectares de superficie. L'île qui est le plus à l'est se nomme *Terre-de-haut,* et celle qui est le plus à l'ouest, *Terre-de-bas.* Les trois autres îlots faisant partie du groupe, portent les noms de *Grand-Ilot, la Coche* et *l'Ilet à Cabrit.*

L'île de *la Désirade* est de forme irrégulière ; elle a environ 2 lieues de long, 1 lieue de large, et 4 lieues de circuit. On évalue sa superficie à 4,330 hectares.

Le territoire que la France possède à *Saint-Martin* forme environ les deux tiers de l'île (l'autre tiers appartient aux Hollandais[1]). Ce territoire est divisé en quatre quartiers, ceux du *Marigot,* du *Colombier,* de la *Grande-Case* et d'*Orléans.* On évalue sa superficie à 5,371 hectares, non compris l'îlot *Tintamarre,* voisin de la côte nord-est de l'île, et appartenant également à la France, dont la superficie est de 175 hectares.

En résumé, la superficie totale de la Guadeloupe et de ses quatre dépendances est de 164,513 hectares, non compris l'îlot *Tintamarre,* les *îles de la Petite-Terre* et les divers petits îlots semés sur les côtes de la grande île.

Superficie totale
de la Guadeloupe
et de ses
dépendances.

[1] La longueur totale de l'île Saint-Martin est de 5 lieues de l'est à l'ouest; sa largeur totale, de 3 lieues, et sa circonférence de 18 lieues, en suivant les nombreuses échancrures des côtes.

Une chaîne de montagnes volcaniques, couvertes de bois, traverse la *Guadeloupe* proprement dite, du nord au sud. La hauteur moyenne de ces montagnes, dont les sommets sont généralement de forme conique, est de 1,000 mètres. La plus remarquable est la *Soufrière*, qui s'élève, dans la partie méridionale de l'île, à 1,557 mètres au-dessus du niveau de la mer; c'est un volcan encore en activité dont le cratère laisse souvent échapper de la fumée et même des étincelles, visibles pendant la nuit. Sur ses flancs, du côté du nord-est, s'ouvrent plusieurs cavernes profondes, d'où s'échappent aussi des vapeurs, mêlées quelquefois de flammes et dont les bords sont couverts de soufre. Parmi les montagnes dont se compose cette chaîne, on distingue en outre : 1° la *Grosse-Montagne*, les pitons de *Bouillante* et ceux des *Deux-Mamelles*, volcans aujourd'hui éteints, dont le sommet atteint une hauteur de 957 mètres; 2° le groupe de *Houel-Mont*, d'une hauteur de 800 mètres environ; 3° le *Morne-Sans-Touché*, dont la hauteur n'est point exactement connue.

Le sol de la *Grande-Terre* est généralement plat. Au nord et au sud, s'élèvent çà et là quelques collines, dont la hauteur n'excède pas 35 mètres; celles du sud sont les plus élevées; elles forment, en s'étendant à 2 lieues vers l'est, une petite chaîne qui va toujours en s'abaissant jusqu'à la langue de terre nommée *Pointe-des-Châteaux*.

L'intérieur de l'île de *Marie-Galante* est traversé de l'est à l'ouest par une chaîne de montagnes que l'on nomme la *Barre de l'île*, et dont l'élévation au-dessus du niveau de la mer ne dépasse pas 200 mètres. Ces montagnes sont en grande partie couvertes de forêts, où le bois de campêche abonde.

Le sol des *Saintes* est très-montueux : c'est dans le sud de la *Terre-de-haut* que se trouve le morne le plus élevé. La hauteur de ce morne est de 314 mètres au-dessus du niveau de la mer.

La *Désirade* forme un groupe de montagnes dont les flancs sont d'un côté taillés à pic, et de l'autre vont graduellement en s'abaissant jusqu'à la mer. L'aspect du sol ne permet point de douter qu'il n'ait existé autrefois au sein de ces montagnes un foyer volcanique, aujourd'hui éteint.

Des montagnes très-rapprochées les unes des autres hérissent le sol de *Saint-Martin*, et se prolongent presque toutes jusqu'à la mer. On ne donne guère que 600 mètres de hauteur au sommet le plus élevé.

On compte à la *Guadeloupe* proprement dite, une cinquantaine de ruisseaux, et dix-sept rivières principales qui sont : les rivières *Goyave*, *Lezarde*, *Moustic*, *Petite-Goyave*, de *Sainte-Marie*, de *la Capesterre*, du *Carbet*, du *Trou-au-Chien*, des *Trois-Rivières*, de *la Grande-Anse*, du *Galion*, *la rivière aux herbes de la Basse-Terre*, *la rivière des Pères*, *les rivières des Habitants*, de *Bouillante*, *Caillou*, et *Deshayes*. Les *rivières Goyave*, qui arrose les quartiers de Sainte-Rose et du Lamentin, est la plus considérable ; elle est navigable, ainsi que la *rivière Lezarde*, pour des barques et des pirogues, et facilite beaucoup le transport des denrées, et celui de la boue de mer, que l'on emploie comme engrais dans la colonie. Les autres rivières de la Guadeloupe ne sont en général que des cours d'eau peu considérables qui se grossissent et deviennent des torrents impétueux dans la saison des pluies, mais qui, dans la belle saison, n'offrent souvent que des ravines desséchées. Plusieurs de ces rivières sont assez poissonneuses.

Rivières et ruisseaux.

La plupart des rivières et ruisseaux de la Guadeloupe
coulent dans des lits encaissés entre des bords escarpés dont
l'élévation est quelquefois de 50 mètres. Des hauteurs élevées
où elles prennent leur source jusqu'à la mer, leur cours a
environ 3 lieues de longueur et leur pente 3 pouces par
mètre, surtout dans la partie occidentale de l'île. Sur presque
toutes les habitations, on les employe comme moteurs pour
faire tourner les moulins servant à la fabrication du sucre.

La *Rivière-Salée*, ainsi qu'il a été dit plus haut, n'est autre chose, malgré son nom, qu'un petit bras de mer très-res-
serré, séparant les deux îles dont se compose la Guadeloupe.
Ce détroit ou canal, qui est bordé de palétuviers, a deux
lieues de long et varie dans sa largeur de vingt-sept à cent-dix
mètres. Sa profondeur est de trois à quatre mètres, mais les
deux embouchures par lesquelles il communique à la mer,
n'ayant que cinq à six pieds de profondeur, le canal n'est navigable que pour des embarcations non pontées et dont le tirant
d'eau n'excède pas quatre pieds ou quatre pieds et demi. Il n'a
d'autre courant que celui qui résulte du flux et du reflux de
la mer. La *Rivière-Salée* est d'une grande utilité pour le
transport des denrées des quartiers avoisinants.

La *Grande-Terre* n'est arrosée par aucune rivière. On n'y
trouve que quelques sources ou ruisseaux qui fournissent à
peine assez d'eau pour la consommation des habitants et
des animaux. Comme la Grande-Terre est privée de hautes
montagnes et de forêts, les pluies y sont moins fréquentes
que dans l'autre partie de l'île. Aussi les eaux pluviales sont-
elles soigneusement recueillies dans des réservoirs et des ci-
ternes. On y utilise également pour l'arrosement des jardins et
les usages domestiques quelques puits dont l'eau est saumâtre.

Les montagnes étant peu élevées à *Marie-Galante*, il n'en découle que quelques ruisseaux peu considérables, ce qui oblige les habitants à recueillir les eaux pluviales avec soin, comme le font les habitants de la Grande-Terre.

Les *Saintes* n'ont qu'une seule source, qui tarit dans les temps de grande sécheresse. Les habitants emploient pour leur consommation les eaux pluviales, qu'ils recueillent dans une citerne, ou de l'eau de rivière qu'ils vont chercher à la Guadeloupe.

La *Désirade* n'a point de rivières, mais quelques sources abondantes, dont l'eau est excellente.

Il n'existe point de rivières à *Saint-Martin*. On y trouve des ruisseaux dont l'eau, quoique un peu jaunâtre, est limpide et salubre, et suffit aux besoins des habitants.

Les sources d'eaux chaudes sont nombreuses à la *Guadeloupe*. Il y en a dix ou douze bien connues. On remarque celles de *Bouillante*, de *Dolé*, du *Dos-d'Ane*, du *Gommier*, de *Mont-de-Noix* et du *Lamentin*. Les plus fréquentées par les malades sont celles de Bouillante, de Dolé, et surtout celle du Lamentin, où l'on a construit un établissement spécial pour les baigneurs.

Sources
d'eaux thermales

La température de l'eau de la source de Dolé fait monter le thermomètre depuis 36 jusqu'à 40 degrés. Les eaux de la source de Bouillante ont une température de près de 80 degrés.

Ces différentes eaux thermales sont employées avec succès pour la guérison des douleurs rhumatismales, des maladies cutanées, des fièvres intermittentes et des affections dyssentériques chroniques.

Les terres de la *Guadeloupe* proprement dite sont légères et faciles à cultiver. Presque partout elles reposent, en couches plus ou moins épaisses, sur un fond d'argile. Leur fécondité est due, non à leur qualité qui est médiocre, mais à la chaleur du climat et à l'abondance des eaux qui arrosent cette partie de la colonie.

Le sol de la *Grande-Terre* est formé, au contraire, d'une terre grasse et fertile, reposant sur une base calcaire. Presque tous les points de son étendue sont susceptibles de culture. Aussi, cette division de l'île est-elle la plus féconde et la mieux exploitée malgré le manque d'eau qui s'y fait souvent sentir.

Le sol de *Marie-Galante* est fertile et propre aux mêmes cultures que celui de la Guadeloupe. Les terres des *Saintes* et de la *Désirade* sont, au contraire, arides et peu productives. A *Saint-Martin*, le sol est en général léger, pierreux et exposé à de fréquentes sécheresses; la partie française de l'île est plus fertile que la partie hollandaise, parce que les terres y sont moins imprégnées de salpêtre.

Au 1er janvier 1836, les terres de la Guadeloupe et de ses dépendances se trouvaient réparties de la manière suivante :

	TERRES cultivées.	SAVANES.	BOIS et forêts.	TERRES non cultivées.	SUPERFICIE totale.
	hectares.	hectares.	hectares.	hectares.	hectares.
Guadeloupe............	38,004	19,801	20,528	59,879	138,212
Marie-Galante.........	4,109	3,201	1,626	6,408	15,344
Les Saintes...........	162	89	192	813	1,256
La Désirade...........	629	457	121	3,123	4,330
Saint-Martin..........	1,841	241	674	2,615	5,371
	44,745	23,789	23,141	72,838	164,513

D'après ce tableau, les terres cultivées forment plus du quart du territoire de la colonie.

Les forêts de la *Guadeloupe* proprement dite couronnent les sommets des montagnes et couvrent la partie la plus élevée de leurs flancs; en suivant assez exactement leurs sinuosités du nord au sud. A mesure que les montagnes s'abaissent, les forêts s'éclaircissent; elles disparaissent tout à fait à leur pied. Leur étendue en longueur est d'environ 9 lieues. On estime qu'elles occupent le cinquième environ de la superficie de l'île.

Bois et forêts.

En beaucoup d'endroits, ces forêts n'ont point encore été explorées. Les principaux arbres dont se composent les parties visitées sont : l'*acacia à bois dur*, l'*acajou*, le *courbaril*, le *figuier des Indes*, le *fromager*, le *gayac officinal*, le *gommier* et le *campêche*.

Il n'existe point de forêts à la *Grande-Terre*.

On porte à 1,626 hectares la partie de *Marie-Galante* qui est couverte de forêts. Le bois de campêche s'y trouve proportionnellement en plus grande abondance qu'à la Guadeloupe.

Dans les trois autres dépendances de la Guadeloupe, l'étendue occupée par les bois est fort peu considérable. On l'estime:

Aux Saintes, à................ 192 hectares.
A la Désirade, à............... 121
A Saint-Martin, à............. 674

L'étendue totale des bois et forêts de la Guadeloupe et de ses dépendances est de 23,141 hectares, c'est-à-dire un peu plus du septième de la superficie totale du territoire de la colonie.

On compte seize rades et vingt-quatre anses ou criques à la Guadeloupe et dans ses dépendances.

A la *Guadeloupe* proprement dite les rades de la Basse-Terre et de la baie Mahault méritent seules d'être mentionnées.

La première, située sur la côte occidentale, est une rade foraine ouverte à tous les vents, notamment à ceux de l'ouest qui sont fort dangereux dans l'hivernage; elle est sujette à des raz-de-marée très-fréquents, et auxquels rien ne saurait resister lorsque les vents soufflent fortement du large. Le mouillage y est de mauvaise tenue. Le petit nombre de bâtiments qui s'expédient pour la Basse-Terre calculent leurs voyages de manière à n'y faire qu'un court séjour, et lorsque des circonstances imprévues les forcent à rester dans la colonie pendant la mauvaise saison, ils vont chercher un abri dans le rade de la Pointe-à-Pitre.

Le mouillage de la baie Mahault, situé sur la côte nord-est près de l'une des embouchures de la Rivière-Salée, est d'un difficile accès dans certaines parties, à cause des écueils nombreux dont il est environné; son bassin a de 5 à 6 lieues de longueur et 1 à 3 lieues de large; il ne peut pas recevoir de gros bâtiments.

A la *Grande-Terre*, il y a deux rades principales, savoir le port de la Pointe-à-Pitre et celui du Moule.

Le port de la Pointe-à-Pitre est l'un de plus beaux, des plus sûrs et des plus commodes des Antilles : c'est une baie spacieuse de 4,500 mètres de longueur sur une largeur moyenne de 1,200 mètres, située à l'embouchure méridionale de la Rivière-Salée sur la côte sud-ouest de la Grande-Terre. La profondeur de l'eau y varie entre 14 et 28 pieds; elle renferme des bancs ou hauts-fonds qui réduisent de beaucoup l'étendue où les bâtiments peuvent mouiller. Cependant elle peut contenir, indépendamment des navires caboteurs, 260 bâtiments de commerce dont 100 du premier ordre. Les navires caboteurs viennent y mouiller à quai et y déchargent leurs cargaisons sans le secours de leurs chaloupes. C'est à ces avantages réunis et surtout à la sûreté de de la rade dans la saison de l'hivernage et des ouragans, que la ville de la Pointe-à-Pitre a dû son prodigeux accroissement et le commerce presque exclusif de la colonie. Le seul inconvénient qu'offre la baie de la Pointe-à-Pitre, c'est que les bâtiments ne peuvent presque jamais en sortir sans être remorqués par des chaloupes, attendu que dans la partie la plus étroite sa passe n'a pas plus de 50 à 51 mètres de largeur.

Le port du Moule est situé sur la côte orientale de la Grande-Terre, à 10 lieues de la Pointe-à-Pitre. C'est le seul qui existe sur cette côte, laquelle est inaccessible depuis la Pointe-des-Châteaux jusqu'à l'anse Bertrand. L'entrée en est difficile et dangereuse, surtout dans les raz-de-marée; mais l'intérieur du port offre un bon mouillage pour six ou sept navires. Les bâtiments jaugeant 300 tonneaux peuvent y entrer.

Le seul mouillage de *Marie-Galante* est celui du Grand-Bourg ou Marigot; il est situé au sud-ouest de l'île; les passes en sont très-difficiles à cause des récifs qui barrent une partie de l'entrée.

La rade des *Saintes* est considérée par les marins comme une de plus sûres des Antilles. Elle est belle, vaste, et peut contenir un grand nombre de vaisseaux de ligne. Il serait facile de la fortifier de manière à procurer à nos bâtiments de guerre et de commerce un refuge assuré en temps de guerre.

Le *Désirade* n'a ni havre ni port, mais seulement une anse assez bonne.

Il existe trois mouillages dans la partie française de *Saint-Martin*. La rade ou baie du Marigot, chef-lieu de la colonie, est le meilleur. Cette rade, qui a environ une lieue de circuit, peut recevoir des vaisseaux de tout rang. Un bâtiment de 200 tonneaux, avec son chargement, peut y venir mouiller à une portée de fusil du débarcadère.

Circonscription judiciaire.

La Guadeloupe et ses dépendances sont divisées en trois arrondissements et en vingt-quatre communes ou quartiers.

Sa circonscription judiciaire comprend :

1° Une cour royale, dont le siège est à la Basse-Terre;

2° Deux cours d'assises;

3° Trois tribunaux de 1re instance, dont les sièges sont à la Basse-Terre, à la Pointe-à-Pitre et à Marie-Galante;

4° Six justices de paix, dont les sièges sont à la Basse-Terre, à la Capesterre, à la Pointe-à-Pitre, au Moule, au Marigot (île Saint-Martin), et au Grand-Bourg (île de Marie-Galante).

Voici la répartition des communes entre chacune de ces différentes juridictions :

ARRONDISSEMENT DE LA BASSE-TERRE.

(3 cantons de justices de paix et 9 communes.)

Canton de la Basse-Terre, comprenant les 5 communes suivantes :

1° La Basse-Terre, le Baillif, le Parc et Matouba;

2° Les Vieux-Habitants;

3° Bouillante;

4° La Pointe-Noire et Deshaies;

5° Les îles des Saintes.

Canton de la Capesterre, comprenant les 3 communes suivantes :

1° La Capesterre et la Goyave ;

2° Le Vieux-Fort ;

3° Les Trois-Rivières.

Canton de Saint-Martin.

Ce canton ne renferme qu'une seule commune.

ARRONDISSEMENT DE LA POINTE-À-PITRE.

(2 cantons de justices de paix et 14 communes.)

Canton de la Pointe-à-Pitre, comprenant les 7 communes suivantes :

1° La Pointe-à-Pitre et les Abymes ;

2° Le Petit-Bourg ;

3° La Baie-Mahault ;

4° Le Lamentin ;

5° Sainte-Rose ;

6° Le Gozier ;

7° Le Morne-à-l'Eau et Bordeaux-Bourg.

Canton du Moule, comprenant les 7 communes suivantes :

1° Le Moule ;

2° Sainte-Anne ;

3° Saint-François ;

4° L'Anse-Bertrand ;

5° Le Port-Louis ;

6° Le Petit-Canal ;

7° L'île de la Désirade.

ARRONDISSEMENT DE MARIE-GALANTE.

Cet arrondissement ne renferme qu'un seul canton de justice de paix et qu'une seule commune.

Il y a, à la Guadeloupe et dans ses dépendances, deux villes (la *Basse-Terre* et la *Pointe-à-Pitre*), huit grands bourgs et vingt-trois petits bourgs ou villages.

La *Basse-Terre* est le chef-lieu de la colonie et le siége

Villes, bourgs et villages.

du gouvernement colonial; elle s'élève sur la côte occidentale de la Guadeloupe, proprement dite. On évalue sa population à 5,500 âmes environ.

La *Pointe-à-Pitre* s'élève à l'ouest de la *Grande-Terre*, près de l'embouchure méridionale de la Rivière-Salée, à 12 lieues de la Basse-Terre. Sa position au cœur de l'île, l'excellence de son port et ses autres avantages naturels en ont fait le centre des affaires de la colonie. Sa fondation n'est pas ancienne, car elle ne date que de 1763. La ville est remarquable par la régularité de ses constructions : les rues, au nombre de 50, en sont droites; on y compte 800 à 900 maisons, et l'on évalue sa population à 12,000 individus.

Il existe trois bourgs à *Marie-Galante*, le Grand-Bourg ou Marigot, qui est le chef-lieu de l'île, le bourg de la Capesterre et le bourg du Vieux-Fort-Saint-Louis, lequel tombe en ruines. La population du Grand-Bourg est de près de 1,900 individus, dont 1,100 individus libres et 800 esclaves.

Il n'y a qu'un petit bourg aux *Saintes*; il est situé dans la partie appelée *Terre-de-Haut*, et ne se compose que d'un petit nombre de maisons particulières, du logement du commandant, d'un hôpital et de casernes.

A la *Désirade*, on ne trouve également qu'un petit bourg formé de quelques cases et de magasins groupés autour de l'église.

Le bourg du Marigot est le chef-lieu de la partie française de *Saint-Martin*; il est situé au fond de la rade où mouillent les bâtiments arrivant dans cette partie de l'île, et renferme une centaine de maisons.

CHAPITRE III.

MÉTÉOROLOGIE.

D'après des observations faites pendant plusieurs années consécutives à la Basse-Terre, la température moyenne de la Guadeloupe est, à l'ombre, un peu moindre de 22° de Réaumur.
Le maximum de son élévation est, suivant la saison, entre 27°
et 29°; et le minimum entre 16° et 22°. Au soleil, le mer-
cure monte quelquefois jusqu'à 44° degrés; mais le terme
moyen de son élévation n'est que de 35° 20.

A l'ombre de même qu'au soleil, la chaleur varie suivant
l'exposition des lieux. Ainsi la température est plus basse d'un
degré et demi environ sur la côte nord de l'île. Sur le plateau
de la montagne la plus haute de la Guadeloupe, *la Soufrière*,
à environ 1,500 mètres au-dessus du niveau de la mer, la
température n'excède pas 14° 50, lorsqu'au pied de cette
montagne le thermomètre est à 25 degrés.

La variation journalière du thermomètre est, à la Guadeloupe
comme à la Martinique, de 5 à 10 degrés de Réaumur, suivant
la saison. Lors donc qu'au mois de janvier, le thermomètre
indique, le matin au point du jour, 18 degrés, il en marque 23
dans sa plus grande élévation, de deux à trois heures après
midi; et, lorsqu'au mois de septembre, il monte à 28 degrés
au plus fort de la chaleur du jour, il n'est communément le
matin, au lever du soleil, qu'à 18 degrés.

Les mois les plus chauds sont juillet, août et septembre; les moins chauds, décembre, janvier et février.

A la Guadeloupe, comme à la Martinique, la chaleur est presque constamment tempérée, le jour et la nuit, par deux brises régulières et alternatives. L'une, appelée *brise de mer*, dure depuis le lever jusqu'au coucher du soleil ; elle s'accroît ou décroît selon que le soleil est plus ou moins élevé sur l'horizon, en sorte que plus le soleil est élevé, plus le vent est frais. L'autre, appelée *brise de terre*, commence à souffler entre six et sept heures du soir ; elle dure pendant la plus grande partie de la nuit et fait tomber une rosée qui contribue encore à rafraîchir l'ardeur de l'atmosphère.

Humidité atmosphérique.

L'humidité atmosphérique n'est pas moins excessive à la Guadeloupe qu'à la Martinique ; les objets matériels, tels que le bois, les métaux, le papier, etc., y résistent difficilement à son action destructive. Dans le cours de cinq années consécutives, l'hygromètre de Saussure y a donné, pour termes extrêmes et opposés, 61 et 97 degrés, et pour terme moyen 86° 3.

Pluies.

Le terme moyen de la quantité de pluie tombant annuellement à la Guadeloupe est, au niveau de la mer, de 219 centimètres. La différence entre les années pluvieuses et les années sèches n'excède pas 33 centimètres.

Des observations répétées pendant cinq années consécutives ont donné, quant au nombre de jours de pluie, 179 pour minimum, 223 pour maximum, et 199 pour terme moyen.

Il tombe deux fois plus d'eau dans les montagnes que sur le littoral. Cet effet doit être principalement attribué aux immenses forêts qui couvrent les sommets de ces montagnes.

Le minimum des pluies a lieu en février ou mars ; l'époque

de leur maximum est moins constante : elle varie du mois de mai à celui d'août.

A la Guadeloupe comme dans les autres Antilles, il n'y a que deux saisons bien marquées, la *saison sèche* et la *saison pluvieuse*. La première dure environ neuf mois; elle commence en octobre et finit en juillet. Quoiqu'elle porte le nom de *saison sèche*, la pluie tombe, pendant sa durée, assez fréquemment pour féconder la terre. La saison pluvieuse, qu'on désigne plus généralement sous le nom d'*hivernage*, ne dure que trois mois, de la mi-juillet à la mi-octobre. C'est alors que les pluies deviennent véritablement diluviales; que la chaleur atteint son maximum d'élévation, et que les bouleversements atmosphériques éclatent et causent les plus grands ravages.

La durée des jours les plus courts est, à la Guadeloupe, de 11 heures 14 minutes; et la durée des plus longs, de 12 heures 56 minutes; leur longueur moyenne est de 12 heures 5 minutes.

Les vents qui dominent dans l'archipel des Antilles sont ceux d'est, de nord et de sud. Les périodes de domination de ces vents peuvent à la rigueur être réduites à deux. Pendant la première, qui dure depuis novembre jusqu'en avril, les vents soufflent de l'hémisphère boréal, en passant successivement du nord vers l'est. Pendant la seconde période, qui dure depuis le mois de mai jusqu'en octobre, les vents soufflent de l'hémisphère austral et varient entre l'est et l'ouest en passant par le sud.

Le vent d'ouest est le plus rare; il est aussi le moins constant dans sa durée. Ses bourrasques orageuses sont entrecoupées de calmes plats.

Les vents d'est, dont la domination s'étend sur l'une ou

Saisons.

Durée des jours.

Vents.

11

l'autre des deux périodes dont il vient d'être parlé, soufflent pendant les trois quarts de l'année environ : ils ne règnent toutefois avec constance que durant les mois de mars, avril, mai et juin. Ce sont ces vents qui portent le nom de *vents alisés*, et d'où dérivent les expressions *au vent*, et *sous le vent*, qui servent à désigner, dans les Antilles, l'orient et l'occident.

Marées.

Il y a flux et reflux deux fois en vingt-quatre heures sur les côtes de l'archipel américain ; mais la durée, la vitesse, l'élévation du flot et son abaissement diffèrent de ce qui a lieu sous ce rapport dans les zones tempérées. L'élévation ordinaire n'excède pas 40 à 50 centimètres ; elle se réduit même à moins lors des solstices ; pendant les équinoxes, elle est tout au plus de 80 centimètres à un mètre.

Raz-de-marée.

Les raz-de-marée sont fréquents à la Guadeloupe, principalement pendant l'hivernage [1].

Ouragans.

Le nombre des ouragans qui ont ravagé la Guadeloupe depuis le commencement du xix° siècle, est de huit. Parmi les plus désastreux de ce siècle et du précédent, on cite ceux des années 1713, 1738, 1740, 1766, 1776, 1821, et celui du 26 juillet 1825 qui renversa une partie de la ville de la Basse-Terre, et fit périr un grand nombre de personnes. Sur quarante-trois ouragans dont on a recueilli la date mensuelle, il s'en trouve huit en juillet, quinze en août, onze en septembre et neuf en octobre [2].

Tremblements de terre.

Les tremblements de terre sont assez fréquents à la Guadeloupe ; mais les secousses sont généralement faibles ; elles n'y ont d'ailleurs jamais causé aucun désastre.

---

[1] Voir ci-dessus (page 47) les détails donnés sur les raz-de-marée.

[2] Voir ci-dessus (page 47), les détails donnés sur les ouragans auxquels sont exposées les Antilles.

CHAPITRE IV.

POPULATION.

Au 31 décembre 1835, la population de la Guadeloupe et de ses dépendances s'élevait à 127,574 individus, dont 31,252 libres et 96,322 esclaves.

La population flottante, c'est-à-dire celle qui se renouvelle par les arrivées et par les départs, peut être évaluée à plus de 3,000 individus. En 1836, le personnel civil et militaire entrait dans ce chiffre approximatif pour 2,579, savoir :

Personnel civil.......... 441 ⎞
Personnel militaire....... 2,138 ⎠ 2,579.

Aux renseignements généraux donnés dans la *Notice préliminaire*[1] sur les éléments dont se compose la population de nos colonies à esclaves, nous ajouterons les détails suivants, qui concernent spécialement la Guadeloupe et ses dépendances.

Le nombre des blancs entre pour 11,000 à 12,000 dans le chiffre de la population libre, et celui des personnes appartenant à l'ancienne classe de couleur, pour 19,000 à 20,000, y compris 8,339 individus affranchis depuis 1830.

Sur la masse totale des terres possédées, on estime que

_____

[1] Voyez ci-dessus, pages 1 à 6.

13/14es appartiennent aux blancs et 1/14e aux hommes de couleur.

Les arts mécaniques usuels sont presque exclusivement pratiqués par ces derniers, qui, pour la plupart, exercent les professions de maçons, charpentiers, tailleurs, cordonniers, tonneliers, etc.; un petit nombre d'entre eux sont négociants ou employés comme commis chez des négociants.

Il est aussi quelques hommes de couleur qui tirent leurs moyens d'existence de la culture des vivres du pays; mais le nombre en est fort restreint, ainsi qu'il a été dit dans la *Notice préliminaire* [1].

Voici quelques détails authentiques propres à donner une idée de la situation des nouveaux affranchis à la Guadeloupe.

Sur 1,627 individus affranchis à la Pointe-à-Pitre depuis 1832, 50 seulement, en 1836, vivaient de leur industrie; 660 étaient à la charge de la ville; 4 avaient un lit à l'hôpital, et 913 étaient errants dans la colonie. Il en était de même au chef-lieu de Marie-Galante. Des 185 affranchis qui y existaient, 85 seulement pourvoyaient à leur existence par leur industrie; 80 étaient dans une véritable indigence; la plupart étaient restés à la charge de leurs anciens maîtres; quelques-uns même étaient secourus par des esclaves.

Esclaves.

En ce qui touche le régime et la condition des esclaves de la Guadeloupe, on ne peut que renvoyer à ce qui est dit dans la *Notice préliminaire* et dans le chapitre IV de la *Notice statistique sur la Martinique* [2].

[1] Voir ci-dessus, page 2, les détails donnés sur les hommes de couleur.
[2] Voir ci-dessus, pages 4 et suivantes, et pages 50 et 51.

En faisant la distinction de l'âge et du sexe, la population de la Guadeloupe et de ses dépendances se subdivise ainsi :

Population libre.

Au-dessous de 14 ans..	Garçons...... 4,889 Filles........ 4,847	9,736		
De 14 à 60 ans.......	Hommes..... 9,158 Femmes..... 10,669	19,827	31,252
Au-dessus de 60 ans...	Hommes.... 579 Femmes..... 1,110	1,689	

Population esclave.

Au-dessous de 14 ans..	Garçons...... 13,628 Filles........ 13,939	27,567		
De 14 à 60 ans.......	Hommes..... 30,018 Femmes..... 31,482	61,500	96,322
Au-dessus de 60 ans...	Hommes..... 2,522 Femmes..... 4,733	7,255	

TOTAUX......... 127,574

Il est digne de remarque que le nombre des esclaves *au-dessus de 60 ans* forme un peu plus du treizième de la population esclave de la Guadeloupe; tandis que le nombre des libres de la même catégorie ne forme que le dix-huitième de la population libre.

Parmi les 7,255 esclaves ayant dépassé l'âge de 60 ans, il s'en trouvait 697 de 80 à 100 ans, et 13 de 100 ans et au-dessus.

Réunis en masse, par sexe seulement, les chiffres ci-dessus présentent les totaux suivants :

	SEXE		DIFFÉRENCE en faveur DU SEXE FÉMININ.
	MASCULIN.	FÉMININ.	
Population libre......	14,626	16,626	2,000
Population esclave....	46,168	50,154	3,986
TOTAUX........	60,794	66,780	5,986

Répartition
de la population
entre
les communes
ou quartiers.

La population de la Guadeloupe se trouvait ainsi répartie, en 1835, entre les divers quartiers de la colonie.

DÉSIGNATION DES COMMUNES OU QUARTIERS.	POPULATION		TOTAL.
	LIBRE.	ESCLAVE.	
I. ARRONDISSEMENT DE LA BASSE-TERRE.			
1° CANTON DE LA BASSE-TERRE.			
Basse-Terre, Baillif, Parc et Matouba..............	4,878	7,536	12,414
Vieux-Habitants.......................................	598	1,499	3,097
Bouillante..	413	1,654	2,067
Pointe-Noire..	810	1,597	2,407
Deshaies..	204	532	736
Iles des Saintes............... { Terre-de-haut....	326	176	502
{ Terre-de-bas....	244	393	637
TOTAL pour le canton de la Basse-Terre ...	7,473	13,387	21,860
2° CANTON DE LA CAPESTERRE.			
Capesterre..	694	3,089	3,783
Goyave..	153	956	1,109
Vieux-Fort..	323	584	907
Trois-Rivières..	680	2,526	3,206
TOTAL pour le canton de la Capesterre	1,850	7,155	9,005
3° CANTON DE SAINT-MARTIN.			
Partie française de Saint-Martin.. { Marigot......	595	1,854	2,449
{ Grand'Case....	349	1,071	1,420
TOTAL pour le canton de Saint-Martin.....	944	2,925	3,869
TOTAL pour l'arrondissement de la Basse-Terre...	10,267	23,467	33,734

DÉSIGNATION DES COMMUNES OU QUARTIERS.	POPULATION		TOTAL.
	LIBRE.	ESCLAVE.	
II. ARRONDISSEMENT DE LA POINTE-A-PITRE.			
1° CANTON DE LA POINTE-À-PITRE.			
Pointe-à-Pitre...............	6,696	5,407	12,103
Abymes....................	1,134	3,463	4,597
Petit-Bourg...............	535	2,783	3,318
Baie-Mahault.............	724	3,008	3,732
Lamentin.................	673	3,345	4,018
Sainte-Rose..............	817	3,339	4,156
Gozier...................	851	2,391	3,242
Morne-à-l'Eau et Bordeaux-Bourg........	996	2,552	3,548
TOTAL pour l'arrondissement de la Pointe-à-Pitre..	12,426	26,288	38,714
2° CANTON DU MOULE.			
Moule....................	1,517	8,504	10,021
Sainte-Anne..............	861	5,866	6,727
Saint-François...........	995	5,603	6,598
Anse-Bertrand...........	401	4,329	4,730
Port-Louis..............	536	4,152	4,688
Petit-Canal.............	679	6,927	7,605
Île de la Désirade......	498	1,070	2,568
TOTAL pour le canton du Moule...........	5,487	36,451	41,938
TOTAL pour l'arrondissement de la Pointe-à-Pitre.	17,913	62,739	80,652
III. ARRONDISSEMENT DE MARIE-GALANTE.			
CANTON DE MARIE-GALANTE.			
Marie-Galante... Grand-Bourg (le bourg)........	1,093	796	1,889
Grand-Bourg (la campagne).....	715	3,872	4,587
Capesterre..................	708	3,281	3,989
Vieux-Fort-Saint-Louis........	556	2,167	2,723
TOTAL pour l'arrondissement de Marie-Galante..	3,072	10,116	13,188
RÉCAPITULATION.			
Arrondissement de la Basse-Terre............	10,267	23,467	33,734
— de la Pointe-à-Pitre............	17,913	62,739	80,652
— de Marie-Galante............	3,072	10,116	13,188
TOTAL pour toute la colonie...........	31,252	96,322	127,574

Répartition
de la population
dans les villes
et bourgs,
et sur
les habitations.

La même population était répartie, en 1835, dans la proportion suivante, entre les villes et bourgs, et les habitations rurales :

	VILLES et bourgs.	HABITATIONS rurales.	TOTAL.
Population libre..............	15,477	15,775	31,252
Population esclave............	11,741	84,581	96,322 *
	27,218	100,356	127,574
* Le nombre des esclaves employés à la Guadeloupe comme ouvriers, journaliers, marins, pêcheurs et domestiques, s'élève à 13,000, savoir :			
Ouvriers......................	2,550	1,450	4,000
Journaliers...................	"	1,600	1,600
Marins........................	200	1,200	1,400
Pêcheurs......................	600	500	1,100
Domestiques...................	2,900	2,000	4,900
	6,250	6,800	13,000

En 1835, la population de la Guadeloupe et de ses dépendances a présenté les mouvements suivants [1] :

	NAISSANCES	DÉCÈS.	EXCÉDANT des naissances sur les décès.	des décès sur les naissances.	MARIAGES.
Population libre. ...	1,092	916	176	"	198
Population esclave [2].	1,894	2,175	"	281	14
TOTAUX............	2,986	3,091	"	105	212

[1] Voir, quant à l'influence du climat des Antilles françaises sur les hommes qui les habitent, ce qui est dit ci-dessus, page 48.

[2] Voir ci-dessus, dans la *Notice statistique sur la Martinique*, page 54, ce qui est dit relativement au petit nombre de mariages religieux contractés par les esclaves.

Relativement à la masse totale de la population, la proportion des naissances, mariages et décès a été, en 1835, de

Une naissance sur .... { 28 libres.
                          50 esclaves.

Un décès sur .... { 34 libres.
                         44 esclaves.

Un mariage sur ...... { 158 libres.
                          6,880 esclaves.

Sur 850 enfants de condition libre, nés en 1833 à la Guadeloupe et dans ses dépendances (Marie-Galante exceptée), on a constaté 416 enfants légitimes, 439 enfants naturels, et 79 enfants naturels reconnus.

Le nombre des affranchissements accordés à la Guadeloupe *Affranchissements.* depuis la fin de juillet 1830 jusqu'au 1er janvier 1837 s'est élevé à 8,637, savoir :

	PATRONÉS.				ESCLAVES.				TOTAUX.
	HOMMES.	FEMMES.	ENFANTS.	TOTAL.	HOMMES.	FEMMES.	ENFANTS.	TOTAL.	
De la fin de 1830 au mois de mars 1833...	"	"	"	"	"	"	"	"	1,798
De mars 1833 au 1er janvier 1837......	836	1,547	1,652	4,035	512	1,041	1,251	2,804	6,839
						TOTAL GÉNÉRAL.			8,637

On évalue à un dixième de ce nombre celui des affranchis qui se sont rachetés avec le consentement de leurs maîtres,

CHAPITRE V.

POUVOIR LÉGISLATIF, GOUVERNEMENT ET ADMINISTRATION.

Conseil colonial.

Le conseil colonial de la Guadeloupe se compose de trente membres, élus pour cinq ans par les colléges électoraux de la colonie.

Électeurs.

Tout Français âgé de 25 ans, né à la Guadeloupe ou qui y est domicilié depuis deux ans, jouissant des droits civils et politiques, et payant 300 francs de contributions directes dans la colonie, ou justifiant qu'il y possède des propriétés mobilières ou immobilières d'une valeur de 30,000 francs, est électeur. Le nombre des électeurs composant les neuf colléges électoraux de la Guadeloupe et de ses dépendances s'élevait, en 1836 à 1,092.

Éligibles.

Tout Français, âgé de 30 ans, né à la Guadeloupe ou qui y est domicilié depuis deux ans, jouissant des droits civils et politiques, et payant dans la colonie 600 francs de contributions directes, ou justifiant qu'il possède des propriétés mobilières ou immobilières d'une valeur de 60,000 francs, est éligible aux fonctions de membre du conseil colonial. En 1836, le nombre des éligibles au conseil colonial s'élevait à 619.

Délégués.

Les *Délégués* de la Guadeloupe [1] jouissent d'un traitement qui est fixé par le conseil colonial; il est de 20,000 francs pour chacun d'eux.

---

[1] Les délégués actuels de la Guadeloupe sont M. Mauguin, membre de la chambre des députés, et M. de Jabrun.

On renvoie à la *Notice préliminaire* pour ce qui regarde les attributions du conseil colonial, la nomination des délégués, la durée et la nature de leurs fonctions [1].

L'organisation du gouvernement de la Guadeloupe est réglée par une ordonnance royale du 9 février 1827, modifiée par une seconde ordonnance royale du 22 août 1833.

Organisation du gouvernement de la colonie.

On renvoie également à la *Notice préliminaire* pour ce qui regarde les bases générales de cette organisation.

Le commandement et la haute administration de la colonie sont confiés au *Gouverneur*.

Gouverneur.

Un *Commandant militaire* est chargé, sous ses ordres, du commandement des troupes et des autres parties du service militaire que le gouverneur lui délègue.

Commandant militaire.

Trois chefs d'administration, savoir : un *Ordonnateur*, un *Directeur de l'intérieur* et un *Procureur général* du Roi dirigent, sous les ordres du gouverneur, les différentes parties du service à la Guadeloupe.

Chefs d'administration.

Un *Inspecteur colonial* veille à la régularité du service administratif, et requiert à cet effet l'exécution des lois, ordonnances, décrets coloniaux et règlements.

Inspecteur colonial.

Le *Conseil privé* est composé du gouverneur, qui en est le président, du commandant militaire, des trois chefs d'administration et de trois conseillers privés nommés par le Roi, et choisis parmi les habitants notables.

Conseil privé.

L'inspecteur colonial assiste aux séances du conseil privé et y a voix représentative.

Lorsque le conseil privé est appelé à prononcer sur les

[1] Voir ci-dessus, pages 7 à 9.

matières qu'il juge administrativement, il s'adjoint deux membres de l'ordre judiciaire.

Les matières dont le conseil connaît comme conseil du contentieux administratif sont spécifiées dans l'ordonnance royale du 9 février 1827.

On renvoie à la *Notice préliminaire* pour ce qui regarde les principales attributions judiciaires conférées au conseil privé[1].

Administration municipale.

Il y a un conseil municipal dans chacune des villes de la *Basse-Terre*, et de la *Pointe-à-Pitre*, et dans chacun des trois bourgs du *Moule*, du *Grand-Bourg* à Marie-Galante, et du *Marigot* à Saint-Martin.

Dans chaque quartier, un commissaire commandant, choisi parmi les habitants notables, exerce des fonctions ayant de l'analogie avec celles qui sont remplies en France par les maires et les commandants de la garde nationale.

Les fonctions d'officier de l'état civil sont remplies, dans les communes urbaines et rurales, par des agents spéciaux.

L'organisation municipale de la Guadeloupe n'est encore que provisoire. Elle doit être incessamment réglée par un décret colonial.

Tableau général du personnel salarié.

Le personnel civil et militaire salarié par le gouvernement à la Guadeloupe et dans ses dépendances présentait, en 1836, un total de 2,579 personnes, réparties comme il suit entre chaque service :

Gouvernement colonial.

Le personnel du *Gouvernement colonial* se composait de quatre personnes, savoir :

---

[1] Voir ci-dessus, pages 16 et 17.

1 gouverneur ;

1 commis auxiliaire au bureau des archives ;

1 commis expéditionnaire au secrétariat du conseil privé ;

1 huissier du conseil privé.

TOTAL... 4

Plus un commis de marine remplissant les fonctions de secrétaire-archiviste.

Le chiffre total du personnel des *Services militaires* a présenté, en 1836, un effectif de 2,138 hommes (dont 100 officiers) répartis de la manière suivante :

Services militaires.

1° ÉTAT-MAJOR général et des places.

1 colonel, commandant militaire ;

2 capitaines employés à l'état-major du gouverneur ;

1 chef de bataillon, commandant de place à la Pointe-à-Pitre ;

1 capitaine, adjudant de place à la Basse-Terre ;

1 chef de bataillon, commandant à Marie-Galante ;

1 capitaine, commandant aux Saintes ;

1 capitaine, commandant à Saint-Martin.

TOTAL...... 8

2° ÉTAT-MAJOR particulier de l'artillerie.

1 chef de bataillon, directeur ;

1 capitaine en premier ;

1 garde de 3° classe ;

1 contrôleur d'armes ;

1 chef artificier.

TOTAL...... 5

3° ÉTAT-MAJOR particulier du génie.

1 capitaine en premier, sous-directeur ;

4 gardes du génie.

TOTAL...... 5

4º INFANTERIE
(3 bataillons
du 1er régiment
de la marine).

État-major.

1 colonel ;
1 lieutenant-colonel ;
3 chefs de bataillon ;
1 major ;
3 adjudants-majors ;
1 officier-payeur ;
1 porte-drapeau ;
1 chirurgien-major ;
2 chirurgiens-aides-majors ;

TOTAL.... 14

Compagnies.

21 capitaines ;
21 lieutenants ;
21 sous-lieutenants ;
1,696 sous-officiers et soldats.

TOTAL..... 1,759

En tout..... 1,773 hommes, dont 77 officiers.

5º ARTILLERIE
de marine.

5 capitaines ;
4 lieutenants ;
240 sous-officiers et soldats, dont 40 ouvriers.

TOTAL...... 249

6º GENDAR-
MERIE
à cheval.

1 capitaine ;
2 lieutenants ;
95 sous-officiers et gendarmes.

TOTAL...... 98

Commissariat
u marine.

Le personnel du *Commissariat de la marine* se composait, en 1836, de 29 personnes, savoir :

1 commissaire, *Ordonnateur* ;
1 commissaire, *Inspecteur colonial* ;

1 commissaire de 1re classe ;

6 sous-commissaires, dont 2 de 1re classe ;

8 commis principaux ;

12 commis de 1re, 2e et 3e classes.

TOTAL...... 29

Le personnel du *Service des ports* se composait, en 1836, Service des ports. de 14 personnes, savoir :

2 capitaines de port (1 à la Basse-Terre, 1 à la Pointe-à-Pitre) ;

4 lieutenants de port, dont 1 au Moule, 1 à Marie-Galante, 1 à Saint-Martin et 1 aux Saintes ;

2 maîtres de port, l'un à la Basse-Terre, l'autre à la Pointe-à-Pitre ;

5 pilotes, dont 3 à la Pointe-à-Pitre, 1 à la Basse-Terre et 1 au Moule ;

1 maître-voilier.

TOTAL....... 14

Le personnel du *Service de santé* comprenait, en 1836, Service de santé. 35 salariés, répartis comme il suit :

2 officiers de santé en chef ;

17 officiers de santé, de 1re, 2e et 3e classes ;

16 sœurs hospitalières.

TOTAL...... 35

Le personnel de la *Direction de l'intérieur* était composé, Direction de l'intérieur. en 1836, de 39 personnes, savoir :

1 directeur ;

2 chefs de bureau, l'un à la Basse-Terre, l'autre à la Pointe-à-Pitre ;

2 préposés, l'un à Marie-Galante, l'autre à Saint-
　　Martin ;

8 commis ;

26 officiers de l'état civil.

TOTAL...... 39

ministrations
nancières.

—

Le nombre total des fonctionnaires, employés et agents des *Administrations financières* était, en 1836, de 116, répartis comme il suit :

1° ENREGISTRE-
MENT
et conservation
des
hypothèques.

{
1 vérificateur de l'enregistrement ;

5 receveurs, dont 1 à la Basse-Terre, 2 à la Pointe-
　à-Pitre, 1 à Marie-Galante et 1 à Saint-Martin ;

4 surnuméraires appointés.
}

TOTAL. 10

2° DOUANES.

{
Service des bureaux.

1 directeur des douanes ;

1 inspecteur ;

2 sous-inspecteurs (1 à la Basse-Terre, 1 à la
　Pointe-à-Pitre) ;

1 vérificateur-liquidateur ;

6 vérificateurs ;

6 receveurs aux déclarations ;

2 commis de la direction ;

3 commis aux expéditions.

Service actif.

2 lieutenants principaux ;

10 brigadiers et sous-brigadiers ;

31 préposés ;

1 patron de canot ;

38 canotiers.
}

TOTAL. 104

L'organisation du *Personnel des douanes*, aux Antilles françaises est réglée par une ordonnance royale du 25 octobre 1829. Une autre ordonnance royale du 26 novembre 1830 fixe les traitements et indemnités alloués aux fonctionnaires et agents de ce service. La loi du 24 avril 1833 a, du reste, réservé exclusivement au pouvoir royal la fixation de la dépense du personnel des douanes.

3ᵉ TRÉSOR.
{
1 trésorier;
1 avoué du domaine.

TOTAL...... 2

Le personnel du *Service du culte* se composait, en 1836, à la Guadeloupe et dans ses dépendances, de 29 ecclésiastiques, savoir : Service du culte.

1 préfet apostolique;
28 prêtres.

TOTAL.... 29

Le *Personnel de la justice* formait, en 1836, un total de 54 personnes, savoir : Justice.

1ᵉ COUR ROYALE.
{
9 conseillers, dont un président;
3 conseillers auditeurs;
1 procureur général;
1 substitut du procureur général;
1 greffier;
2 commis-greffiers;
3 secrétaires du parquet;
2 huissiers audienciers.

TOTAL..... 22

2º TRIBUNAUX
de 1re instance.

3 juges royaux (1 à la Basse-Terre , 1 à la Pointe-
à-Pitre, 1 à Marie-Galante);

3 lieutenants de juges (1 à la Basse-Terre, 1 à la
Pointe-à-Pitre, 1 à Marie-Galante);

4 juges auditeurs (2 à la Basse-Terre, 2 à la Pointe-
à-Pitre);

3 procureurs du Roi;

2 substituts du procureur du Roi ;

3 greffiers;

1 huissier audiencier à la Basse-Terre.

TOTAL..... 19

3º TRIBUNAUX
de paix.

6 juges de paix;

1 suppléant de juge de paix, à Saint-Martin;

6 greffiers.

TOTAL..... 13

Police.

Le personnel de la *Police* formait, en 1836, un total de
77 personnes, réparties comme il suit :

2 commissaires de police (1 à la Basse-Terre, 1 à
la Pointe-à-Pitre);

2 agents de police;

32 gardes de police;

30 plantons des commissaires - commandants des
quartiers ;

11 archers maritimes ou plantons.

TOTAL..... 77

Ponts et chaussées.

Le personnel du *Service des ponts et chaussées* comprenait, en 1836, 9 individus, savoir :

1 ingénieur;

2 sous-ingénieurs;

6 conducteurs de travaux.

TOTAL..... 9

Deux personnes seulement composaient, en 1836, le personnel salarié de l'*Instruction publique*, savoir :

> 1 directeur des écoles d'enseignement mutuel,
> et 1 moniteur général de ces écoles.

Le nombre des *Agents divers* était de 31, en 1836, savoir :

> 1 bibliothécaire;
> 2 médecins vétérinaires;
> 11 chefs et ouvriers de l'imprimerie;
> 1 lithographe.
> 4 distributeurs de vivres;
> 6 concierges ou portiers;
> 1 gardien du magasin général de la Basse-Terre;
> 5 surveillants des chaînes de galériens, de police
> et de correction;

TOTAL...... 31

La récapitulation, par nature de services, du personnel salarié par le gouvernement en 1836, présente les chiffres suivants :

DÉSIGNATION DES SERVICES.	NOMBRE D'INDIVIDUS salariés.
Gouvernement colonial.	4
Commissariat de la marine.	29
Service des ports.	14
Service de santé.	35
Direction de l'intérieur.	39
Délégués de la colonie.	2
Administrations financières.	116
Service du culte.	29
Justice.	54
Police.	77
Ponts et chaussées.	9
Instruction publique.	2
Divers agents.	31
TOTAL du personnel civil.	441
Services militaires.	2,138
TOTAL.	2,579

12.

CHAPITRE VI.

LÉGISLATION GÉNÉRALE.

Régime législatif. La *Notice préliminaire*[1] contient, sur les bases générales du régime législatif de la Guadeloupe, sur l'application à la colonie des codes du royaume modifiés, et sur la législation concernant les esclaves, des détails auxquels on se réfère ici.

Code civil. Le *Code civil* a été promulgué à la Guadeloupe le 18 brumaire an XIV (9 novembre 1805).

Code de procédure civile Le *Code de procédure civile* y a été mis en vigueur le 15 septembre 1808, mais avec de nombreuses modifications. La Guadeloupe avait été précédemment régie, en matière de procédure civile, par l'ordonnance civile de 1667.

Expropriation forcée. D'après l'acte local du 9 novembre 1805, portant promulgation du Code civil à la Guadeloupe, l'*Expropriation forcée* devait y être mise en vigueur un an après la paix générale. Aucune disposition effective n'a encore été adoptée à cet égard. Il avait été préparé en 1829 un projet d'ordonnance royale ayant pour but de prescrire la publication aux Antilles françaises, sous certaines modifications, du titre XIX du Code civil relatif à l'expropriation forcée ; ce projet a même été communiqué aux administrations locales, mais il n'a reçu aucune suite. La matière doit être désormais réglée par une loi qui est maintenant en voie d'élaboration. La Guadeloupe est encore

---

[1] Voyez ci-dessus, pages 6 à 14.

régie sous ce rapport par la déclaration du Roi du 24 août 1726, qui, vu les difficultés que présentait la saisie réelle dans ces colonies, a autorisé une action résolutoire sous le nom de *déguerpissement.*

La loi du 8 mars 1810 sur l'expropriation pour cause d'utilité publique a été mise en vigueur à la Guadeloupe, sous de légères modifications, par un arrêté local du 25 juin 1820.

L'application à la Guadeloupe du titre XVIII du Code civil relatif aux *Priviléges et Hypothèques* a eu lieu par l'acte même de promulgation de ce code, mais avec ajournement, à un an après la paix générale, de la mise en vigueur des articles 2168 et 2169 du même titre, qui consacrent en principe l'expropriation forcée. Il en a été et il en est encore, à l'égard de ces articles, de même que pour le titre relatif à l'expropriation forcée dont il est question ci-dessus.

La conservation des hypothèques a été organisée à la Guadeloupe par une ordonnance royale du 14 juin 1829.

Régime hypothécaire.

L'*Enregistrement* a été établi à la Guadeloupe par une ordonnance royale du 31 décembre 1828. Les dispositions de cette ordonnance ont été modifiées et complétées par deux autres ordonnances du Roi des 1er juillet 1831 et 16 mai 1832.

Enregistrement.

Le *Code de commerce* a été mis en vigueur à la Guadeloupe en même temps que le Code de procédure civile, c'est-à-dire le 15 septembre 1808.

Code de commerce.

Le *Code d'instruction criminelle* a été appliqué à la Guadeloupe par une ordonnance royale du 12 octobre 1828, et le *Code pénal* par une autre ordonnance royale du 29 octobre de la même année. La loi du 22 avril 1832, modificative de ces deux codes, a été rendue applicable à la Guadeloupe, sous diverses modifications, par une loi du 22 juin 1835.

Code d'instruction criminelle et code pénal

- Le *Régime des douanes* à la Guadeloupe n'est, quant à présent, déterminé par aucun acte spécial. Il résulte, soit de l'ancienne législation commerciale des colonies, notamment des ordonnances de 1681 et 1687 et des lettres patentes de 1727, soit des lois de douanes rendues pour la métropole, et surtout des lois des 17 juillet et 22 août 1791, et du 28 avril 1799. Ces lois n'ont pas été promulguées dans la colonie, mais on s'y conforme, et les dispositions en ont même quelquefois été rendues exécutoires par des actes de l'autorité locale, notamment par deux arrêtés des gouverneurs, en date des 9 juillet 1823 et 16 décembre 1828, qui ont établi le régime des acquits-à-caution, et statué sur la procédure, les saisies et la rédaction des procès-verbaux en matière de douanes.

CHAPITRE VII.

ORGANISATION JUDICIAIRE ET ADMINISTRATION DE LA JUSTICE.

L'*Organisation judiciaire* et l'*Administration de la justice*, à la Guadeloupe et dans ses dépendances, sont réglées quant à présent par une ordonnance royale du 14 septembre 1828, modifiée sur quelques points par deux ordonnances subséquentes des 10 octobre 1829 et 15 février 1831.

La *Notice préliminaire* contient, sur l'ensemble des dispositions organiques qui régissent la matière, des détails auxquels on ne peut que se référer ici [1].

La justice est rendue à la Guadeloupe par des tribunaux de paix, des tribunaux de 1re instance, une cour royale, et des cours d'assises.

Le *Conseil-privé* [2], *la Commission des prises* et *les Conseils de guerre*, connaissent des matières qui leur sont spécialement attribuées par l'ordonnance royale du 9 février 1827 relative au gouvernement et à l'administration de la Guadeloupe, et par les lois, ordonnances et règlements en vigueur dans cette colonie.

L'île de la Guadeloupe est divisée en six cantons de justice de paix, dont les chefs-lieux sont la *Basse-Terre*, la *Capesterre*, la *Pointe-à-Pitre*, le *Moule*, le *Marigot* de la partie

Dispositions organiques.

Tribunaux de paix.

---

[1] Voyez ci-dessus, pages 15 et suivantes.

[2] Voir, dans la *Notice préliminaire* (page 16), ce qui est dit relativement aux attributions judiciaires conférées au conseil privé.

française de Saint-Martin, et le *Grand-Bourg* de l'île de *Marie-Galante* [1].

Chacun des six tribunaux de paix est composé d'un *juge de paix*, d'un *suppléant* et d'un *greffier*.

Les tribunaux de paix connaissent, à la Guadeloupe comme en France, des actions civiles, personnelles et mobilières, des actions commerciales et des contraventions de police. Leur compétence est réglée par l'ordonnance organique du 14 septembre 1828.

Tribunaux de première instance. Il y a à la Guadeloupe trois tribunaux de première instance [2].

Le ressort du premier comprend les cantons de la Basse-Terre, de la Capesterre, et du Marigot de l'île Saint-Martin; le tribunal siége à la Basse-Terre.

Le ressort du second comprend les cantons de la Pointe-à-Pitre et du Moule; le tribunal siége à la Pointe-à-Pitre.

Le ressort du troisième comprend l'île de Marie-Galante; le tribunal siége au Grand-Bourg de Marie-Galante.

Chaque tribunal de première instance est composé d'un juge royal, d'un lieutenant de juge et de deux juges auditeurs.

Il y a près de chaque tribunal un procureur du Roi, un substitut de procureur du Roi, un greffier et un commis-greffier assermenté.

Le *juge royal* rend seul la justice dans les matières qui sont de la compétence du tribunal de première instance. En cas d'empêchement, il est remplacé par le *lieutenant de juge*.

---

[1] Voir ci-dessus, pages 148 et 149, l'indication des communes comprises dans chaque canton de justice de paix.

[2] Voir ci-dessus, pages 156 et 157, l'indication des communes comprises dans le ressort de chacun des tribunaux de première instance.

La compétence des tribunaux de première instance de la Guadeloupe et de ses dépendances est déterminée, comme celle des tribunaux de paix, par l'ordonnance organique du 14 septembre 1828 [1].

Le nombre des affaires civiles et commerciales inscrites, en 1833, aux rôles des tribunaux de première instance de la Guadeloupe, a été de 2,849, réparties comme suit :

Arrondissement de la Pointe-à-Pitre 2,109
——————— de Marie-Galante   394
——————— de la Basse-Terre   346
                                                                     ——————
                  Total 2,849

En comparant ces chiffres à ceux dont le *Compte général de l'administration de la justice civile et commerciale en France* offre les éléments pour la même année, on verra que les tribunaux de première instance de la Guadeloupe sont aussi chargés d'affaires que les tribunaux plus importants de la France continentale.

Il existe à la Guadeloupe une Cour royale, dont le siége est à la Basse-Terre.

Cour royale.

Elle est composée de neuf *conseillers*, et de trois *conseillers auditeurs* ; ces derniers ont voix délibérative lorsqu'ils ont vingt-sept ans accomplis ; avant cet âge, ils n'ont que voix consultative.

Il y a près de la cour royale un *procureur général*, un *substitut du procureur général*, un *greffier* et un *commis-greffier* assermenté.

La compétence de la cour royale est réglée, comme celle

---

[1] Voyez, dans la *Notice préliminaire*, page 15, ce qui est dit relativement à la compétence des tribunaux de première instance des colonies françaises.

des tribunaux de paix et de première instance, par l'ordonnance organique du 14 septembre 1828 [1].

Le nombre des *affaires civiles et commerciales, correctionnelles* et de *mises en accusation*, inscrites en 1833 au rôle de la cour royale de la Guadeloupe, a été de 311, savoir :

Affaires civiles et commerciales............ 98
Affaires correctionnelles 74
Mises en accusation..................... 139

TOTAL.................... 311

En rapprochant ces chiffres de ceux de même nature qui figurent dans le *Compte général de l'administration de la justice criminelle en France* pour la même année, on trouve que la cour royale de la Guadeloupe occupe, relativement aux 27 cours royales du royaume,

Le 28e rang pour les affaires civiles ;
Le 24e rang pour les affaires correctionnelles ;
Le 24e rang pour les mises en accusation.

C'est-à-dire que trois cours du continent sont classées au-dessous d'elle pour le nombre des affaires correctionnelles et des mises en accusation, quoique ayant un personnel généralement plus que double du sien.

Cours d'assises. Il y a à la Guadeloupe deux arrondissements de cours d'assises, dont les siéges sont à la Basse-Terre et à la Pointe-à-Pitre. Le premier arrondissement comprend le ressort du tri-

----

[1] Voir, dans la *Notice préliminaire*, page 16, ce qui est dit relativement à la compétence des cours royales des colonies françaises.

bunal de première instance de la Basse-Terre; le second, les ressorts des tribunaux de première instance de la Pointe-à-Pitre et de Marie-Galante [1].

Chaque cour d'assises est composée de trois conseillers de la cour royale, et de quatre membres du collége des assesseurs, collége qui se compose de 60 membres, choisis parmi les habitants de la colonie qui réunissent des conditions semblables à celles qui sont exigées en France pour faire partie du jury.

Le procureur général, ou son substitut, porte la parole à la cour d'assises.

Les membres de la cour royale et les assesseurs prononcent en commun, tant sur la position et la solution des questions, que sur l'application de la peine.

Le nombre des affaires jugées par les cours d'assises de la Guadeloupe, en 1833, a été de quarante-huit, savoir :

A la Basse-Terre................ 16
A la Pointe-à-Pitre............. 32
TOTAL. 48

Ces 48 affaires criminelles comprenaient 65 accusés, dont 45 ont été condamnés, savoir :

20 pour crimes contre les personnes.
et 25 pour crimes contre les propriétés.

Parmi ces 45 condamnés, il y avait 26 libres et 19 esclaves.

On trouvera, au reste, dans le tableau suivant, les résultats des travaux des cours d'assises de la Guadeloupe, pour l'année 1833, présentés avec l'indication de la nature des crimes, et la distinction par classes et par sexe des *accusés*, des *acquittés* et des *condamnés*.

[1] Voyez ci-dessus, pages 156 et 157, les communes comprises dans ces différents ressorts.

NATURE DES CRIMES.	NOMBRE DE MISES EN ACCUSATION.	NOMBRE DE JUGEM.ᵗ DE CONDAMNAT.ᵒⁿ	ACCUSÉS. LIBRES.		ES-CLAVES		TOTAL.	ACQUITTÉS. LIBRES.		ES-CLAVES		TOTAL.	CONDAMNÉS. LIBRES.		ES-CLAVES		TOTAL.
			Hommes.	Femmes.	Hommes.	Femmes.		Hommes.	Femmes.	Hommes.	Femmes.		Hommes.	Femmes.	Hommes.	Femmes.	
1° CRIMES CONTRE LES PERSONNES.																	
Meurtres...................	5	3	4	"	1	"	5	1	"	"	"	1	3	"	1	"	4
Empoisonnements...........	2	"	"	1	3	1	5	"	1	3	1	5	"	"	"	"	"
Blessures ayant occasionné la mort...............	1	1	1	"	"	"	1	"	"	"	"	"	1	"	"	"	1
Blessures et coups...........	6	5	8	"	1	"	9	1	"	1	"	2	7	"	"	"	7
Rébellion..................	3	3	10	"	"	"	10	2	"	"	"	2	8	"	"	"	8
Traite des noirs.............	1	"	1	"	"	"	1	1	"	"	"	1	"	"	"	"	"
TOTAUX.......	18	12	24	1	5	1	31	5	1	4	1	11	19	"	1	"	20
	....	....	25		6		31	6		5		11	19		1		20
2° CRIMES CONTRE LES PROPRIÉTÉS.																	
Vols simples	7	5	3	"	4	"	7	1	"	2	"	3	2	"	2	"	4
Vols qualifiés.............	19	14	5	1	15	2	23	2	1	2	"	5	3	"	13	2	18
Incendie...................	1	"	"	"	1	"	1	"	"	1	"	1	"	"	"	"	"
Fausse monnaie.	2	2	1	"	"	1	2	"	"	"	"	"	1	"	"	1	2
Faux en écriture authentique..	1	1	1	"	"	"	1	"	"	"	"	"	1	"	"	"	1
TOTAUX......	30	22	10	1	20	3	34	3	1	5	"	9	7	"	15	3	25
	....	....	11		23		34	4		5		9	7		18		25
TOTAUX GÉNÉRAUX pour les deux espèces de crimes ...	48	34	34	2	25	4	65	8	2	9	1	20	26	"	16	3	45
	....	....	36		29		65	10		10		20	26		19		45

En rapprochant ces chiffres de ceux de la population de la colonie, leur comparaison donne pour résultat un crime pour 3,447 individus de toutes classes.

Voici le relevé des individus condamnés en 1833 par les

deux cours d'assises de la Guadeloupe, d'après la nature des peines qui leur ont été appliquées :

CLASSES de la POPULATION.	PEINES AFFLICTIVES ET INFAMANTES.			EMPRI- SONNEM^t correc- tionnel, chaîne de police, etc.	FOUET (PEINE princi- pale).	PEINES de SIMPLE police.	TOTAL.
	Travaux perpé- tuels.	Travaux à temps.	Réclu- sion.				
Libres......	1	4	1	18	"	2	26
Esclaves....	2	2	"	10	5	"	19
TOTAUX..	3	6	1	28	5	2	45
	10						

Jusqu'en 1831, la profession d'avocat avait été exclusivement exercée par les avoués à la Guadeloupe. L'ordonnance royale du 15 février 1831 a établi que désormais cette profession serait librement exercée dans les colonies françaises selon ce qui est réglé par les lois et règlements en vigueur dans la métropole; mais il a été en même temps statué que les avoués, titulaires de leurs offices au moment de la promulgation de l'ordonnance, conserveraient, tant qu'ils demeureraient en fonctions, la faculté d'exercer également la profession d'avocat.

Avocats et avoués.

En 1835, on comptait à la Guadeloupe huit avocats plaidants, et autant d'avoués ayant encore le droit de plaider.

Le nombre des avoués de la colonie est fixé à vingt-deux, dont huit pour l'arrondissement de la Basse-Terre, dix pour celui de la Pointe-à-Pitre, et quatre pour l'arrondissement de Marie-Galante.

Il n'y a pas d'avoués attachés spécialement à la cour royale; ceux des tribunaux de première instance du ressort de cette cour postulent concurremment auprès d'elle.

D'après l'ordonnance organique du 14 septembre 1828, lorsque la colonie est déclarée en état de siége, ou lorsque sa sûreté intérieure est menacée, il peut y être établi une cour prévôtale. Il n'a point été fait usage jusqu'à présent à la Guadeloupe de cette juridiction exceptionnelle, que le gouvernement se propose d'ailleurs d'y abolir.

CHAPITRE VIII.

FORCES MILITAIRES.

Les forces militaires de la Guadeloupe et de ses dépendances se composent :

1° Des troupes de la garnison ;

2° D'un corps de gendarmerie à cheval ;

3° Des milices locales.

Composition des forces militaires de la colonie.

Deux régiments d'infanterie de la marine, portant les n°s 1 et 2, ont été spécialement créés pour le service ordinaire des garnisons des colonies françaises, par une ordonnance royale du 14 mai 1831.

Garnison.

Les 2e, 3e et 4e bataillons du 1er régiment forment actuellement la garnison de la Guadeloupe et de ses dépendances.

Ces régiments se recrutent, comme ceux de l'armée de terre, par voie de désignation sur les appels annuels et par des enrôlements volontaires.

Les règlements leur accordent des suppléments de solde et d'indemnités, ainsi que des distributions supplémentaires de vivres.

Le service effectif dans les colonies est compté comme bénéfices de campagne pour les retraites et pour les récompenses militaires.

L'effectif des troupes destinées à former la garnison de la Guadeloupe et de ses dépendances a été fixé comme il suit pour l'année 1836.

	OFFICIERS.	SOUS-OFFICIERS et soldats.	TOTAL.
ÉTAT-MAJOR.			
État-major général et des places..	8	"	8
État-major particulier de l'artillerie....................	2	3	5
État-major particulier du génie..	1	4	5
TOTAUX........	11	7	18
TROUPES.			
Infanterie de la marine........	77	1,696	1,773
Artillerie de la marine.... { Canonniers.....	8	200	208
{ Ouvriers.......	1	40	41
TOTAUX GÉNÉRAUX...:	97	1,943	2,040

Les nombreuses améliorations successivement introduites depuis quelques années dans le régime du soldat, dans ses vêtements et dans le mode de casernement, ont eu les résultats les plus satisfaisants quant à l'état sanitaire des troupes. D'après un calcul fait sur une période de cinq années (de 1831 à 1835), la mortalité parmi les troupes n'est plus annuellement, à la Guadeloupe que de 8 sur 100; elle s'élevait autrefois à près du double de ce chiffre.

Gendarmerie.

La gendarmerie de la Guadeloupe se compose de 3 officiers et de 95 sous-officiers et gendarmes.

Direction d'artillerie et sous-direction du génie.

Il y a à la Guadeloupe une *Direction d'artillerie de la marine*, à la tête de laquelle est placé un chef de bataillon, ayant sous ses ordres un capitaine d'artillerie ; et une *sous-direction du génie*, composée d'un capitaine d'état-major, *sous-directeur*, et de quatre gardes du génie.

Il existe à la Guadeloupe quatre forts principaux : le *Fort Saint-Charles* et le *Vieux-Fort*, près de la Basse-Terre ; le *Fort-Louis* et le *Fort Fleur-d'Épée*, près de la Pointe-à-Pitre. Il existe en outre dans la colonie environ trente batteries de côte, dont l'armement en bouches à feu comprend cent vingt pièces.

Forts et batteries.

L'organisation et la composition des milices sont réglées par une ordonnance royale du 1er janvier 1787.

Milices.

D'après cette ordonnance, les milices se composent de tous les hommes libres en état de porter les armes, depuis 15 jusqu'à 55 ans.

Les membres des tribunaux, les autorités civiles et militaires, les officiers de santé et les chefs de pharmacie, sont seuls exempts du service.

Les milices de la Guadeloupe et de ses dépendances sont formées d'infanterie et de cavalerie, et organisées en bataillon dans chacune des deux villes, et en compagnies dans les campagnes. L'infanterie se compose, suivant les localités, de compagnies de grenadiers, de chasseurs, de voltigeurs et de compagnies sédentaires. Une compagnie de pompiers est de plus attachée au bataillon de chaque ville. Des compagnies de chasseurs à cheval forment la cavalerie. Il n'y a point de compagnie d'artillerie ; mais la garde et le service des batteries de côte sont faits par des hommes détachés des compagnies des quartiers où se trouvent les batteries.

Les milices des quartiers sont, pour le service ordinaire de chaque quartier, sous les ordres du commandant ; mais, en cas de danger, elles se réunissent, par divisions, sous cinq chefs principaux, qui leur donnent les ordres et dirigent leurs mouvements. Les milices des villes et des quartiers de la banlieue forment deux autres divisions, dites *urbaines*.

L'armement et l'équipement ont été successivement renouvelés depuis 1821 et sont en assez bon état.

D'après les derniers états de situation parvenus de la Guadeloupe au département de la marine, l'effectif des milices de la colonie s'élevait à 6,708 hommes, répartis de la manière suivante :

	OFFICIERS	SOUS-OFFICIERS ET SOLDATS			TOTAL général de l'effectif.
		blancs.	libres de couleur.	TOTAL.	
Infanterie........	276	2,200	2,709	4,909	5,185
Cavalerie........	47	676	"	676	723
Miliciens sédentaires	"	"	"	"	800
TOTAUX.....	323	2,876	2,709	5,585	6,708

La moitié environ de cet effectif est propre à un service actif et l'autre moitié à un service sédentaire.

CHAPITRE IX.

FINANCES.

Les dépenses publiques de la Guadeloupe sont divisées en deux catégories principales : l'une comprend les dépenses de souveraineté et de protection, auxquelles il est pourvu au moyen de fonds alloués par le budget de l'État; l'autre se compose des dépenses d'administration intérieure, à l'acquittement desquelles est employé le produit des contributions publiques et autres revenus locaux.

Dépenses publiques de la colonie.

1re CATÉGORIE. — *Dépenses de souveraineté et de protection.*

Ces dépenses sont toutes comprises dans les crédits ouverts au budget du département de la marine et des colonies. En voici l'indication succincte d'après les allocations du budget de l'exercice 1837 :

Dépenses de souveraineté et de protection.

1° *Services militaires*, comprenant les dépenses de l'état-major général et des places, celles qui sont occasionnées par les troupes d'infanterie et la gendarmerie (solde et accessoires, masses, hôpitaux, vivres, etc.) et celles des travaux de l'artillerie et du génie, ci................. 1,986,840^f 00^c

SAVOIR :

Personnel.

Solde. .... 842,249^f 31^c

A REPORTER. 1,986,840 00

REPORT.... 1,986,840^f 00^c

REPORT. 842,249^f 31^c

Accessoires de la
solde........ 85,779 30
Hôpitaux...... 354,000 85
Subs^{es} militaires
et chauffage.. 531,083 24
                    _____
                    1,813,112^f 70^c

Matériel.

Artillerie et génie 170,727 44
Dép^{ses} diverses.. 3,000 00
                    _____
                    173,727 44

TOTAL égal... 1,986,840 14

2° *Direction d'artillerie et détache-
ment des troupes d'artillerie de la marine.*
Solde et autres dépenses............   87,600 00
3.° *Marine locale.* Solde et autres dépenses de l'état-major et des équipages de
quatre goëlettes; entretien de ces bâtiments   188,000 00
                                         _____
TOTAL des dépenses de la 1re catégorie. 2,262,440 00

2e CATÉGORIE. — *Dépenses d'administration intérieure.*

Dépenses
d'administration
intérieure.
Ces dépenses, ainsi que les ressources locales qui sont
destinées à y pourvoir, sont votées par le conseil colonial.
Elles comprennent, sous la dénomination de *Service intérieur,*
le traitement du gouverneur, la solde et les autres dépenses
relatives aux divers fonctionnaires et agents du service, les
dépenses des travaux publics, des approvisionnements, et

toutes autres dépenses d'administration publique, pour lesquelles il a été alloué par le budget colonial de l'exercice 1837
une somme totale de..... .... 2,134,527ᶠ 00ᶜ

SAVOIR :

PERSONNEL.

ART. 1ᵉʳ. — SOLDE ET ACCESSOIRES DE LA SOLDE.

1° Gouvernement colonial......................	72,995ᶠ
2° Administration de la marine................	86,032
3° Service des ports.........................	46,325
4° Service de santé [1]......................	//
5° Direction de l'intérieur...................	72,208
6° Délégués des colonies.....................	40,000
7° Administrations financières................	273,602
8° Service du culte..........................	71,400
9° Justice...................................	341,000
10° Police...................................	195,859
11° Service des ponts et chaussées............	42,632
12° Instruction publique.....................	10,888
13° Concierges, geôliers, canotiers, etc.......	8,200
14° Agents divers............................	34,040
15° Dépenses assimilées à la solde............	64,000
TOTAL...............	1,359,181

A DÉDUIRE : *Montant des retenues à exercer sur la
solde des salariés que l'on suppose devoir être admis
aux hôpitaux.....................................* 10,000

RESTE 1,349,181

ART. 2. — HÔPITAUX.

Journées de malades à la charge du service intérieur. 119,449

---

[1] La solde du personnel du service de santé fait partie des dépenses
générales des *Hôpitaux*, dépenses qui sont réparties entre les divers services
en raison du nombre de malades que chacun de ces services fait traiter dans
les hôpitaux.

Art. 3. — Vivres.

Fourniture de rations à la charge du service intérieur.   22,575ᶠ

RÉCAPITULATION DES DÉPENSES DU PERSONNEL.

Art. 1ᵉʳ. — Solde et accessoires de la solde........   1,349,181
Art. 2. — Hôpitaux..............................   119,449
Art. 3. — Vivres...............................   22,575

Total.............   1,491,205

MATÉRIEL.

Art. 4. — Travaux et approvisionnements.

1° Ouvriers à la journée et à l'entreprise, travaux à prix fait, approvisionnements pour les travaux......   221,073
2° Approvisionnements autres que ceux destinés pour les travaux   52,900
3° Achats de terrains, loyers d'établissements et de maisons................................   76,704
4° Frais de transport........................   2,000

Total.............   352,677

Art. 5. — Diverses dépenses.

1° Frais d'impression, de reliure, affiches et publications, abonnements aux journaux............   1,983
2° Éclairage des établissements publics et des postes.   3,140
3° Frais de justice et de procédure, de geôlage et de maronnage, bagnes, menues dépenses des tribunaux.................................   107,966
4° Secours et indemnités à divers..............   24,856
5° Encouragements aux cultures, à l'industrie, primes..   18,000
6° Subvention en faveur de divers établissements d'utilité publique, bourses...................   9,200
7° Dépenses éventuelles.....................   125,500

Total.............   290,645

RÉCAPITULATION DES DÉPENSES DU MATÉRIEL.

ART. 4. — Travaux et approvisionnements......... 352,677^f
ART. 5. — Diverses dépenses................... 290,645

TOTAL............. 643,322

RÉCAPITULATION DES DÉPENSES DE LA 2e CATÉGORIE.

Personnel............................. 1,491,205
Matériel............................. 643,322

TOTAL des dépenses de la 2e catégorie. 2,134,527

En résumé, les dépenses publiques de la Guadeloupe ont été fixées pour l'exercice 1837, savoir :

Récapitulation générale des dépenses de 1837.

Celles de la 1re catégorie (dépenses de souveraineté et de protection) à.............. 2,262,440^f

Celles de la 2e catégorie (dépenses d'administration intérieure) à.................... 2,134,527

TOTAL général....... 4,396,967

Les fonds de l'État y contribuent pour...... 2,262,440   *Recettes de 1837.*
Et le produit des recettes locales pour....... 2,134,527[1]

SOMME ÉGALE aux dépenses...... 4,396,967

Voici maintenant le détail des recettes locales :

Détail des recettes locales de 1837.

ART. 1er. — CONTRIBUTIONS DIRECTES.

1° Capitation des esclaves, ouvriers, domestiques... 118,491^f

A REPORTER........ 118,491

[1] Les recettes votées s'élèvent à 2,149,878, et dépassent ainsi de 15,351^f les dépenses prévues.

REPORT............ 118,491^f

2º Droit fixe de sortie, en remplacement de la capitation des esclaves de grande culture.......... 766,380

3º Droits sur les loyers des maisons............. 80,000

4º Patentes........................... 86,000

TOTAL............. 1,050,871

ART. 2. — CONTRIBUTIONS INDIRECTES.

1º Enregistrement, timbre, droits de greffe, hypothèques............................. 280,000

2º Droits de douanes....................... 650,400

3º Licences de cabarets et de colportage......... 87,489

4º Permis de ports d'armes et taxes sur les passe-ports. 8,500

5º Ferme du jaugeage...................... 1,305

6º Ferme des encans....................... 16,200

TOTAL............. 1,043,894

ART. 3. — DOMAINE ET DROITS DOMANIAUX.

Locations et fermages...................... 25,720

Rentes foncières et amortissement de ces rentes..... 334

TOTAL............. 26,054

ART. 4. — RECETTES DIVERSES.

Amendes............................... 500

Bénéfice sur la négociation des traites, location de
noirs aux divers services................... 28,559

TOTAL............. 29,059

RÉCAPITULATION DES RECETTES LOCALES

ART. 1er. — Contributions directes............. 1,050,871

ART. 2. — Contributions indirectes........... 1,043,894

ART. 3. — Domaine et droits domaniaux......... 26,054

ART. 4. — Recettes diverses................. 29,059

TOTAL............. 2,149,878^[1]

[1] Voir la note de la page précédente.

CHAPITRE X.

CULTURES ET AUTRES EXPLOITATIONS RURALES [1].

Depuis plusieurs années, les diverses exploitations agricoles et manufacturières de la Guadeloupe sont en voie de progrès et d'améliorations. Parmi les causes qui ont le plus contribué à ce résultat on peut citer les suivantes :

Améliorations et perfectionnements introduits dans les cultures de la colonie.

1°. L'introduction de l'usage de la charrue. Aujourd'hui presque tous les habitants sucriers ont au moins une charrue; et, comme le travail d'une charrue équivaut à celui de 20 noirs, et qu'il y a dans la colonie plus de 600 sucreries, l'emploi de ce moyen de labour supplée au travail de plus de 12,000 noirs, et produit ainsi une augmentation proportionnelle dans les cultures de la colonie;

2° L'emploi des engrais et amendements. Dans certaines localités les récoltes ont été doublées par l'usage de la boue de mer. On s'est servi avec avantage, dans quelques autres, de la chaux, du sel, de la poudrette, et du sang desséché, toutes matières apportées de France;

3° L'introduction de moulins à vapeur pour les sucreries, et le perfectionnement des moulins à eau, à vent et à manége;

4° L'adoption de procédés nouveaux pour la fabrication du sucre. Le résultat de leur emploi est de simplifier et de dimi-

[1] Voir ce qui est dit dans la *Notice préliminaire* (pages 17 à 20), relativement aux cultures coloniales.

nuer le travail, d'améliorer la qualité du produit et d'en augmenter en même temps la quantité ;

5° Les améliorations apportées dans l'administration inté
rieure des habitations. Il est peu d'habitants qui, indépendamment des terrains qu'ils abandonnent à leurs noirs pour être
cultivés en vivres au profit de ceux-ci, n'entourent leurs
champs de cannes de quelques plantations de légumes, et ne
fassent en outre cultiver une certaine quantité de vivres qui
sont consommés par les esclaves ou envoyés aux marchés ;

6° Enfin, les soins donnés à l'entretien des bestiaux, soins
qui ont rendu moins fréquentes les épizooties.

Telles sont les améliorations principales introduites dans les
exploitations rurales de la colonie.

bleau général
les cultures
en 1835.

La quantité d'hectares employés à chaque genre de culture,
le nombre des établissements ruraux, celui des esclaves cultivateurs, et la quantité de produits récoltés, ont offert en 1835,
à la Guadeloupe et dans ses dépendances, les chiffres dont se
compose le tableau suivant.

TABLEAU général des cultures en 1835.

ESPÈCES de CULTURES.	NOMBRE			PRODUITS DES CULTURES.	
	d'hectares en culture.	d'habitations rurales.	d'esclaves cultivateurs.		
					kil.
				Sucre-brut..........	36,158,526
				Sucre terré..........	170,715
Canne à sucre......	24,810	620	44,615		litres.
				Sirops et mélasses.....	6,506,129
				Tafia..............	2,158,015
					kil.
Caféier..........	5,687	1,078	4,726	Café..............	1,004,372
Cotonnier........	1,021	298	1,249	Coton.............	80,464
Cacaoyer........	159	19	146	Cacao.............	28,021
Giroflier..........	2	"	12	Girofle............	345
Tabac..........	16	"	104	Tabac.............	3,777
Mûrier..........	9	"	21	"	"
"	"	"	"	Casse.............	1,456
				Manioc............	3,468,905
				Bananes............	1,594,931
				Ignames...........	1,479,041
				Maïs.............	510,640
Vivres..........	13,041	436	4,543	Patates............	2,976,486
				Malangas..........	230,621
				Madères...........	1,099,575
				Pois.............	135,285
				Couscousses.........	13,981
TOTAUX......	44,745	2,451	55,416		

Valeur présum des produits du sol de la Guadelo et de ses dépendance

La valeur brute présumée des produits du sol de la Guadeloupe et de ses dépendances, y compris le croît des bestiaux et autres produits ruraux, est estimée de 25 à 26 millions, et le montant des frais de culture et d'exploitation évalué de 10 à 12 millions; il en résulte que la valeur nette de ces produits est d'environ 14 millions.

Tableau,
par communes,
des terres cultivées
et non cultivées.

Au 1er janvier 1836, on comptait à la Guadeloupe 119,768 hectares de terres non cultivées, et 44,745 hectares de terres cultivées, se répartissant de la manière suivante entre chaque commune.

DÉSIGNATION des COMMUNES.	Canne à sucre.	Café.	Coton.	Cacao.	Girofle.	Tabac.	Mûriers.	Vivres.	TOTAL.
GUADELOUPE.									
Basse-Terre (extra muros)	887	1,012	29	"	"	1	"	764	2,693
Vieux-Fort	10	102	"	8	1	3/4	"	81	262 3/4
Trois-Rivières	442	334	2	"	"	1/2	"	260	1,038 1/2
Capesterre	891	143	"	17	"	4 1/4	"	432	1,487 1/4
Goyave	287	54	"	2	1	"	3	173	520
Petit-Bourg	817	310	"	97	1	"	2 1/2	486	1,713 1/2
Baie-Mahault	931	271	"	3	"	1 1/2	3 1/2	605	1,815
Lamentin	883	302	"	"	"	"	"	486	1,671
Sainte-Rose	997	171	"	3	"	1 1/4	"	527	1,699 1/4
Deshaies	45	83	"	2	"	"	"	92	222
Pointe-Noire	71	494	10	2	"	"	"	249	826
Bouillante	110	492	9	"	"	1/2	"	236	847 1/2
Vieux-Habitants	117	535	17	4	"	"	"	256	929
Abîmes	551	329	13	8	"	1/2	"	386	1,287 1/2
Gozier	520	268	65	6	"	"	"	442	1,301
Sainte-Anne	1,981	130	21	1	"	"	"	738	2,871
Saint-François	2,342	"	83	"	"	1	"	808	3,234
Moule	2,881	210	101	"	"	3/4	"	1,245	4,437 3/4
Anse-Bertrand	1,792	"	20	"	"	"	"	652	2,464
Port-Louis	1,664	"	"	"	"	1	"	491	2,156
Petit-Canal	2,451	3	26	12	"	3/4	"	913	3,395 3/4
Morne-à-l'Eau	503	271	5	3	"	"	"	349	1,131
Totaux	21,173	5,574	401	158	2	14 3/4	9	10,671	38,003 1/4
MARIE-GALANTE.									
Grand-Bourg	1,238	34	25	"	"	"	"	488	1,785
Capesterre	814	4	134	"	"	1/2	"	354	1,306 1/2
Vieux-Fort-Saint-Louis	673	36	45	"	"	"	"	264	1,018
Totaux	2,725	74	204	"	"	1/2	"	1,106	4,109 1/2
Les Saintes	"	38	54	1	"	1/4	"	69	162 1/4
La Désirade	"	"	362	"	"	1/2	"	267	629
Saint-Martin (partie française)	912	1	"	"	"	"	"	928	1,841
Totaux généraux	24,810	5,687	1,021	159	2	16	9	13,041	44,745

DÉSIGNATION des COMMUNES.	NOMBRE D'HECTARES EN TERRES NON CULTIVÉES.				SUPERFICIE totale de la colonie.
	Savannes.	Bois et forêts.	Dépendances des habitations.	Terrains vagues et incultivables; dépendances du domaine public, etc. etc.	
GUADELOUPE.					
Basse-Terre (extrà muros).	1,277	1,385	1,297	"	"
Vieux-Fort..............	79	221	154	"	"
Trois-Rivières...........	351	1,007	379	"	"
Capesterre.............	788	2,650	712	"	"
Goyave................	211	1,182	341	"	"
Petit-Bourg.............	835	1,818	848	"	"
Baie-Mahault...........	931	747	640	"	"
Lamentin..............	750	591	995	"	"
Sainte-Rose............	1,398	2,360	771	"	"
Deshaies..............	75	1,102	217	"	"
Pointe-Noire...........	280	1,275	590	"	"
Bouillante.............	424	976	529	"	"
Vieux-Habitants........	451	662	788	"	"
Abîmes...............	145	787	1,170	"	"
Gozier...............	810	295	1,051	"	"
Sainte-Anne...........	1,742	681	2,206	"	"
Saint-François.........	1,091	460	1,025	"	"
Moule................	2,125	596	1,615	"	"
Anse-Bertrand.........	1,971	181	1,231	"	"
Port-Louis............	1,147	107	1,163	"	"
Petit-Canal...........	1,801	770	1,067	"	"
Morne-à-l'Eau.........	1,119	675	1,318	"	"
TOTAUX....	**19,801**	**20,528**	**20,007**	**39,872**	**138,212**
MARIE-GALANTE.					
Grand-Bourg..........	1,049	395	1,672	"	"
Capesterre...........	1,241	362	1,755	"	"
Vieux-Fort-Saint-Louis.	911	869	2,024	"	"
TOTAUX......	**3,201**	**1,626**	**5,451**	**957**	**15,344**
Les Saintes..........	89	192	261	552	1,256
La Désirade.........	457	121	614	2,509	4,330
St-Martin (partie française).	241	674	825	1,790	5,371
TOTAUX GÉNÉRAUX.	**23,789**	**23,141**	**27,158**	**45,680**	**164,513**
		119,768			

Bestiaux,
bêtes de somme
et de trait.

Au 1er janvier 1836, le nombre des bestiaux et des bêtes de somme et de trait existant dans la colonie, s'élevait à 55,633, savoir :

	Guade-loupe.	Marie-Galante.	Les Saintes.	La Désirade.	Partie française de Saint-Martin.	Totaux.
Chevaux.................	2,461	466	"	7	230	3,164
Anes...................	343	8	"	"	128	479
Mulets..................	6,462	827	"	"	241	7,530
Taureaux et bœufs........	19,674	2,386	181	429	438	23,108
Béliers et moutons........	12,012	2,578	278	538	573	15,979
Boucs et chèvres.........	1,077	160	44	193	87	1,561
Cochons.................	2,976	536	31	159	110	3,812
Nombre de têtes....	45,005	6,961	534	1,326	1,807	55,633

Le capital représenté par les propriétés rurales de la Guadeloupe et de ses dépendances a été approximativement évalué, il y a quelques années, à la somme totale de 318,970,000 fr., répartis de la manière suivante :

1º Valeur des terres incultes.............. 35,500,000

2º ——— des terres cultivées................ 67,000,000

3º ——— des bâtiments, usines et instruments
          de toute espèce.............. 115,670,000

4º ——— des esclaves attachés aux cultures
          et aux fabrications............ 85,000,000

5º ——— des bestiaux, et bêtes de somme et
          de trait...................... 15,000,000

6º ——— des animaux de basse-cour........ 800,000

TOTAL ÉGAL...... 318,970,000

La canne à sucre ne fut mise en plantation réglée à la

Guadeloupe que vers 1644, c'est-à-dire dix ans après l'établissement de la colonie.

La canne créole et la canne de Batavia, successivement cultivées à la Guadeloupe, ayant dégénéré, on introduisit dans l'île, en 1790, la canne d'Otaïti, espèce supérieure aux deux premières en grosseur et en qualité, et qui les a totalement remplacées dans la colonie.

Depuis une quinzaine d'années environ la culture de la canne à sucre a pris beaucoup d'extension à la Guadeloupe.

Voici les produits obtenus de 1833 à 1835 :

ANNÉES.	SUCRE BRUT.	SUCRE TERRÉ.	SIROPS et MÉLASSES.	TAFIA.
	kil.	kil.	lit.	lit.
1833............	34,365,294	30,565	5,065,267	982,829
1834...........	41,785,596	149,168	6,053,284	1,340,108
1835.............	36,158,526	176,715	6,506,129	2,158,015
TOTAUX....	112,309,416	356,448	17,624,680	4,480,952
Moyenne des trois années.	37,436,472	118,816	5,874,893	1,493,650

Le produit des terres cultivées en cannes varie considérablement, selon le plus ou moins de fertilité du sol, et surtout selon la saison où se fait la récolte : il y a quelquefois un tiers de différence, quant aux produits, entre une saison et une autre. On a toujours remarqué que les années pluvieuses sont les plus abondantes en sucre. Le sucre récolté et fabriqué en janvier, février, mars, avril et mai fournit davantage en quantité et en qualité ; aussi les récoltes sont-elles finies presque partout dans les premiers jours de juillet.

Le rapport annuel d'un hectare de terre planté en cannes à sucre est, terme moyen, de 2,000 kilogrammes. On évalue à un peu plus de 400 fr. les frais que nécessite l'exploitation de chaque hectare ainsi planté.

En juin 1836 la mercuriale officielle des denrées et productions coloniales de la Guadeloupe fixait le prix courant du sucre brut dans la colonie à 52 centimes le kilogramme ; celui du sucre terré à 1 franc le kilogramme ; celui du sirop à 25 centimes le litre, et celui du rhum et du tafia à 38 centimes le litre.

Une habitation-sucrerie se compose d'un assez grand nombre de constructions vastes et coûteuses. Les principales sont : 1° les différents bâtiments spécialement affectés à la fabrication du sucre ; 2° la *rhumerie* ou *guildiverie*, atelier où l'on distille le rhum ou le tafia ; 3° les écuries à mulets ; 4° les magasins ; 5° la *gragerie*, lieu où l'on prépare le manioc pour la nourriture des nègres ; 6° la tonnellerie ; 7° la grande case ou maison d'habitation du planteur ; 8° les cases à nègres ; 9° l'hôpital pour le traitement des noirs malades.

Les *cases à nègres* se composent de maisons en planches ou en maçonnerie, couvertes en paille de canne, de 16 à 20 pieds de longueur sur 10 à 12 de largeur. Chaque case contient deux chambres, et chaque chambre sert de logement à un nègre marié ou à deux nègres non mariés.

L'*hôpital* renferme au moins trois salles, une pour les hommes, une pour les femmes malades, et une pour les femmes en couches. Il est construit près de la maison d'habitation du maître et visité par un médecin toutes les fois que l'état des malades le réclame.

Le nombre des moulins employés à la fabrication du sucre

était à la Guadeloupe, au 1er janvier 1829, de 594, dont 143 à eau, 252 à vent, 189 à manège et 10 à vapeur. Le nombre des sucreries étant en 1835 de 620, il y a lieu de supposer que le nombre des moulins se sera accru dans la même proportion.

L'étendue d'une habitation-sucrerie de grandeur moyenne est de 150 carrés de terre[1], dont l'exploitation exige environ 180 nègres, sur lesquels on compte 90 à 100 travailleurs; le reste, c'est-à-dire près de la moitié, se compose de femmes, d'enfants, de vieillards et de valétudinaires, que l'on emploie à des travaux légers et proportionnés à leurs forces.

Le caféier n'a été introduit à la Guadeloupe qu'en 1730. Sa culture s'y était fort étendue et avait été une source de richesses pour un grand nombre de colons, lorsque les événements de 1789 et les longues guerres maritimes de la fin du XVIIIe siècle et du commencement du XIXe fermèrent les débouchés qu'avait précédemment cette denrée; son prix finit même par s'avilir à tel point que la culture du caféier fut presque abandonnée, et remplacée par celle de la canne à sucre dans tous les lieux où le terrain le permit.

A partir de 1814, la culture du caféier reprit un nouvel essor à la Guadeloupe; beaucoup d'anciennes caféières furent rétablies et quelques terres neuves consacrées à la même culture; mais les effets déplorables de l'ouragan de 1825, et l'élévation des droits perçus sur cette denrée en France, et surtout l'épuisement des terres en ont depuis lors considérablement réduit la production.

En 1790, époque de la plus grande extension de la cul-

Café.

---

[1] Le carré de la Guadeloupe a 10,000 *pas* carrés de 9 pieds carrés; il équivaut, en mesures métriques, à 0 hectare 949686. Voir ci-après le chapitre XIII relatif aux poids et mesures.

ture du café à la Guadeloupe et dans ses dépendances, il y avait 8,174 hectares plantés en café; et l'exportation de cette denrée pour la France s'élevait à 3,710,850 kilogrammes. En 1835, on ne comptait plus dans la colonie que 5,602 hectares plantés en caféiers, et l'exportation pour la France ne s'est guère élevée qu'au tiers de ce qu'elle était en 1790.

Le caféier est un arbuste délicat qui croît dans les mornes et dans des terrains à pente rapide. Il ne donne son fruit qu'au bout de trois ans et n'est en plein rapport qu'à la cinquième ou à la sixième année. Dans les hauteurs, la récolte commence ordinairement en septembre et se prolonge jusqu'en janvier; dans les terrains moins élevés, elle commence six semaines plus tôt.

Le produit annuel moyen d'un hectare de terre planté en caféiers est de 500 kilogrammes de café. On évalue à 350 francs environ par hectare les frais d'exploitation.

De 1833 à 1835 la récolte du café a été :

En 1833, de........................... 1,313,287 kil.
En 1834, de........................... 1,125,182
En 1835, de........................... 1,004,372
             TOTAL............. 3,442,841
   Moyenne des trois années........ 1,147,614

Au mois de juin 1836 la mercuriale officielle des denrées et productions coloniales de la Guadeloupe fixait le prix du café dans la colonie à 2 francs le kilogramme.

Coton.

La culture du coton est presque abandonnée à la Guadeloupe : ce n'est plus que sur quelques points de la Grande-Terre, de Marie-Galante et de la Désirade que les habitants continuent de s'y livrer avec quelque suite. En 1789 il existait dans la colonie 8,878 hectares plantés en coton; en 1835 il n'y en avait plus que 1,023; en 1816 les produits en coton s'élevaient à 400,000 kilogrammes environ; aujourd'hui ils ne vont guère au delà de 80,000 kilogrammes. L'anéantissement graduel de cette culture doit être attribué à l'épuisement des terres qui y sont affectées, au déboisement de certaines parties de la colonie, aux ravages des insectes, à la qualité inférieure du produit et, par-dessus tout, à la baisse de son prix.

On évalue de 244 à 650 kilogrammes le produit annuel d'un hectare de terre planté en coton, et les frais d'exploitation de chaque hectare à 420 francs environ.

De 1833 à 1835 les quantités de coton récoltées à la Guadeloupe et dans ses dépendances ont été :

En 1833, de........................... 59,919 kil.
En 1834, de........................... 72,665
En 1835, de........................... 80,464

TOTAL. 213,048

Moyenne des trois années...... 71,016

La culture du cacaoyer n'a pas beaucoup d'importance à la Guadeloupe. Les ravages que la violence du vent cause dans les plantations de ce genre, et les dégâts que les rats, les chauves-souris et les insectes font éprouver aux récoltes sont tels, que beaucoup de planteurs qui songeaient à se livrer à cette exploitation y ont tout à fait renoncé; ce n'est plus que dans quelques parties de la Guadeloupe et aux Saintes que se trouvent des cacaoyères.

Cacao.

14.

Le cacaoyer commence à produire à l'âge de six ans, et il est en plein rapport à huit ans. On fait deux récoltes par an, la première en avril et en mai, la seconde en octobre et en novembre. On évalue à 1,500 francs par an les frais d'exploitation d'un hectare planté en cacaoyers, lorsque la cacaoyère est en plein rapport, c'est-à-dire huit ans au moins après les premières plantations.

Un hectare peut contenir 950 cacaoyers et produire annuellement de 500 à 750 kilogrammes de cacao. Au mois de juin 1836, une mercuriale officielle fixait le prix de cette denrée, dans la colonie, à 12 francs le kilogramme.

Voici les produits de la récolte du cacao de 1833 à 1835 :

1833............................... 13,070 kil.
1834............................... 17,521
1835............................... 28,021

TOTAL.............. 58,612

Moyenne des trois années........ 19,537

Girofle. Il existait 15,000 pieds de giroflier à la Guadeloupe avant l'ouragan du 26 juillet 1825 ; cet ouragan en ayant détruit la plus grande partie, et le prix de vente des clous de girofle ayant diminué, les planteurs ont en général renoncé à cette culture, qui ne leur offre plus de bénéfices suffisants et qu'un coup de vent peut d'ailleurs anéantir en quelques heures. Ce n'est qu'à la Guadeloupe proprement dite, dans les quartiers du Vieux-Fort et du Petit-Bourg, que se trouvent les girofliers existant encore aujourd'hui dans la colonie.

De 1833 à 1835 la récolte du girofle a été :

En 1833, de............................. 850 kil.
En 1834, de............................. 430
En 1835, de............................. 345

     TOTAL............. 1,625
  Moyenne des trois années......... 542

Au mois de juin 1836 la mercuriale officielle des denrées et productions coloniales fixait le prix des girofles, dans la colonie, à 2 francs le kilogramme.

Le caneficier ou cassier est un arbre très-commun à la Guadeloupe; mais l'exploitation de son produit est sans importance pour le commerce d'exportation.

  Casse.

La quantité de casse récoltée dans la colonie, de 1833 à 1835, a été :

En 1833, de........................... 621 kil.
En 1834, de........................... 1,306
En 1835, de........................... 1,456

    TOTAL............. 3,383
  Moyenne des trois années........ 1,128

En juin 1836 le kilogramme de casse valait 50 centimes à la Guadeloupe.

La culture du tabac est peu étendue à la Guadeloupe : les quantités récoltées sont loin même de suffire à la consommation du pays.

  Tabac.

De 1833 à 1835 ces quantités ont été :

En 1833, de........................... 260 kil.
En 1834, de........................... 1,998
En 1835, de........................... 3,777

    TOTAL............. 6,035
  Moyenne des trois années........ 2,012

On cultive à la Guadeloupe et dans ses dépendances, sous le nom de *vivres du pays*, différentes plantes, dont les principales sont le manioc, la patate, l'igname, la banane, le couscousse, le malanga, le toloman et le madère.

Le *manioc*, dont la racine produit une farine substantielle et rafraîchissante, est cultivé dans les différentes parties de la colonie, où il forme le principal aliment des noirs. Le rapport moyen d'un hectare planté en manioc est de 3,120 litres de farine, et de 120 litres de *moussache*, espèce de fécule fort belle qui sert d'amidon dans le pays. On évalue à 1,500 francs la valeur du manioc que peut produire un hectare; les frais d'exploitation s'élèvent par hectare à environ 700 francs.

La *patate* est une racine farineuse et sucrée, que l'on mange bouillie, rôtie ou cuite au four. On la plante ordinairement en quinconce, au milieu des jeunes plants ou des rejetons de cannes à sucre. Le rapport moyen d'un hectare planté en patates est de 40 à 60 barils de racines, dont le prix moyen est de 6 à 10 francs le baril de 104 litres. La valeur moyenne des produits d'un hectare est donc de 400 francs brut. Les frais d'exploitation réduisent cette valeur à 250 francs net.

L'*igname* est une racine très-grosse, fournissant un aliment abondant et sain; elle n'est guère cultivée que dans les jardins des nègres et dans les caféières nouvellement établies; sa culture exige beaucoup de travail et de soin.

La racine appelée *couscousse* a de l'analogie avec l'igname, mais elle est beaucoup plus blanche et beaucoup plus délicate.

La racine du *malanga* est plus compacte que celle de l'igname. On la mange en potage et en bouillie. La feuille sert à la nourriture des bestiaux.

Le *toloman* est une plante tuberculeuse. On extrait de sa racine une fécule qui se mange. C'est principalement à la Grande-Terre qu'on la cultive. Un hectare produit environ 30 barils de tolomans. On évalue de 25 à 30 francs un baril de cette racine.

Le *madère* est, comme le toloman, une racine tuberculeuse que l'on cultive généralement à la Grande-Terre; on l'y préfère au toloman dans les petites cultures. Un hectare peut produire 12 barils de madères, et jusqu'à 20, quand l'année n'a pas éprouvé de sécheresses. Le prix du baril de madère est de 9 à 12 francs.

La *banane* est un fruit qui offre une nourriture saine et agréable, qui se mange cru ou cuit, et qu'on peut apprêter de beaucoup de manières. On abat l'arbre pour en cueillir le *régime;* mais les rejetons qui poussent au pied croissent rapidement et donnent des fruits au bout de six mois. L'extrême fragilité de la tige de ce végétal rend du reste son produit fort incertain. On estime qu'un hectare peut contenir 1,000 touffes de bananiers. Il est d'usage à la Guadeloupe de comprendre les bananiers dans les inventaires des biens ruraux, où chaque touffe est évaluée, suivant la qualité du sol et de l'arbre, à un ou deux francs.

Les *céréales* cultivées à la Guadeloupe se réduisent à deux espèces: le maïs et le riz dit *de Malanga ;* et encore ces cultures sont-elles fort bornées. C'est généralement du dehors que proviennent les farines nécessaires à la consommation locale, les terres du pays ne convenant point à la culture des céréales.

On a essayé, il y a plusieurs années, d'introduire la culture du riz sec des montagnes à la Guadeloupe, mais on a échoué dans cette entreprise.

Les menus grains ne sont point non plus cultivés dans la colonie.

Les *haricots* rouges et blancs, et différentes espèces de *pois*, principalement les *pois d'Angole*, y sont cultivés avec succès.

Jardinage.

La culture des jardins potagers est en général plus étendue à la Basse-Terre et dans ses environs, qu'à la Pointe-à-Pitre, où l'eau manque souvent pour les irrigations. Il n'y a pas de jardin, appartenant au même propriétaire, dont l'étendue atteigne un hectare. On évalue la dépense totale annuelle qu'exige un hectare de terre cultivé en jardins, à 3,193 francs à la Pointe-à-Pitre, et 2,100 francs à la Basse-Terre. Le maximum du revenu brut est évalué à 4,400 francs à la Pointe-à-Pitre, et à 3,300 francs à la Basse-Terre, ce qui donne un bénéfice net de 1,200 francs. Le revenu moyen est estimé de 800 francs à 1,000 francs.

Presque tous les légumes d'Europe sont cultivés dans les jardins de la Guadeloupe proprement dite, et dans ceux de la Grande Terre; mais la plupart de ces végétaux dégénérant sous les tropiques ou ne s'y reproduisant pas, il est nécessaire de les renouveler chaque année par des semences provenant des zones tempérées.

Dans les vergers on cultive tous les arbres à fruits des Antilles et quelques arbres exotiques, mais en petit nombre.

Les meilleurs fruits sont la *banane*, la *mangue*, l'*ananas*, l'*avocat*, l'*orange*, la *grenade*, la *pomme-cannelle*, et la *sapotille*.

Fourrage.

L'*herbe de Guinée* est le seul fourrage cultivé dans la colonie. Il est très-nourrissant et engraisse les bestiaux. On le réserve principalement pour les chevaux. Un hectare planté en herbe de Guinée fournit par an à la nourriture de trois che-

vaux, à raison d'une ration journalière de 37 à 38 kilogrammes
de fourrage vert, ce qui porte à un peu plus de 41,500 kilogrammes le produit annuel d'un hectare. Le revenu d'un
hectare ainsi planté est évalué, tous frais de culture déduits, à
la somme nette de 1,500 francs environ. Mais ce revenu n'est
réel qu'autant que le cultivateur a un certain nombre de chevaux à nourrir; car la culture de l'herbe de Guinée, comme
objet de spéculation, n'offrirait qu'une ressource fort pré-
caire, attendu le petit nombre d'acheteurs; excepté dans le
voisinage des villes. On évalue à 25 ou 30 hectares l'étendue
des différentes portions de terres cultivées en herbe de Guinée.

Les feuilles de la canne à sucre, vertes ou sèches, servent
également de fourrage : les animaux les mangent volontiers et
s'en trouvent bien : les bestiaux paissent généralement en
commun dans les savanes. On les nourrit aussi dans des parcs
avec les herbes qu'on arrache journellement des plantages.

CHAPITRE XI.

INDUSTRIE.

Causes du peu de développement des professions industrielles à la Guadeloupe.

A la Guadeloupe, comme à la Martinique, l'industrie n'a d'importance que dans son application à la production et à la préparation des denrées coloniales, notamment du sucre. Les Antilles françaises tirant d'ailleurs la presque totalité de leurs objets de consommation du royaume, les professions industrielles n'ont plus guère à satisfaire dans ces îles que les besoins journaliers de la vie et ne peuvent par conséquent y prendre un grand développement.

Fabriques.

Les seules fabriques existantes à la Guadeloupe et dans ses dépendances sont des tanneries, des chaufourneries et des poteries.

Le nombre total de ces établissements s'élève à 28, savoir : 3 tanneries, 24 chaufourneries, et une poterie établie aux Saintes.

Les tanneries préparent annuellement environ 8,000 kilogrammes de cuir ; les chaufourneries produisent 6,000 tonneaux de chaux chaque année ; la poterie fabrique annuellement pour 40,000 francs environ de vases en terre ; et la valeur totale des produits de ces trois espèces de fabriques est estimée à 690,000 francs environ.

Arts et métiers.

Les arts et métiers exercés à la Guadeloupe et dans ses dépendances occupent une partie de la population blanche et une partie des individus appartenant à l'ancienne classe de couleur libre. Ces derniers se font remarquer par la bonne qualité des ouvrages qui sortent de leurs mains. Ils pratiquent indistictement toutes les professions industrielles.

Les matières premières proviennent en général du dehors; celles qui se trouvent dans le pays sont peu recherchées à cause de leur mauvaise qualité. Il faut en excepter toutefois la terre à potier des Saintes, les écorces à tanner, les cuirs, et la pierre ou les madrépores servant à faire de la chaux.

Le nombre des maîtres-ouvriers des diverses professions manuelles exercées à la Guadeloupe et dans ses dépendances est d'environ 600, dont un quart appartenant à la classe blanche et les trois autres quarts à l'ancienne classe de couleur libre; celui des ouvriers est de 1,800, dont 20 blancs, 500 hommes libres de couleur et 1,280 esclaves.

Voici comment le nombre des maîtres-ouvriers se trouve réparti entre chaque profession.

Répartition des maîtres ouvriers entre chaque profession.

INDICATION DES PROFESSIONS.	NOMBRE DE MAÎTRES ÉTABLIS.	OBSERVATIONS.
Architectes.	6	
Armuriers et fourbisseurs.............	7	
Bouchers [1].......................	26	[1] L'état de boucher est exclusivement exercé par des gens de couleur ou par des esclaves.
Boulangers.....................	26	
Cabrouetiers [2]...................	3	[2] Ou charretiers.
Confiseurs [3].....................	14	[3] Cette profession occupe beaucoup de femmes de couleur libres.
Chapeliers.....................	7	
Charpentiers....................	80	
Charrons.	6	
Chaudronniers.................	5	
Cordonniers et bottiers.............	45	
Entrepreneurs de bâtiments.........	50	
Ébénistes.....................	3	
Ferblantiers...................	6	
Forgerons.....................	16	[4] On désigne sous le nom de *gabariers* ceux qui se chargent du transport des denrées coloniales à bord des bâtiments du commerce au moyen d'acons ou bateaux plats.
Gabariers [4]....................	7	
Horlogers.....................	7	
Imprimeurs.....................	2	
Modistes.....................	6	
Maçons.....................	22	
Maréchaux-ferrant................	16	
Mécanicien-constructeur...........	1	
Menuisiers....................	60	
Orfèvres.....................	26	
Paveurs.	22	
Peintres en bâtiments et décorateurs.....	10	
Quincailliers...................	6	
Relieurs.....................	2	
Selliers.....................	9	
Serruriers....................	3	
Tailleurs d'habits	29	
Traiteurs.	4	
Tabletiers.....................	1	
Teinturiers.	1	
Tonneliers.....................	45	
Vitriers.....................	6	
Voiliers.....................	5	
TOTAL..............	600	

Le montant présumé des bénéfices annuels des maîtres est
évalué à............................... 685,000[f]
Et le montant annuel du salaire des ouvriers, à. 915,000

Total du produit annuel des arts et métiers. 1,600,000
Le produit annuel des fabriques étant d'environ. 690,000[1]

Il en résulte que le produit total de l'industrie
de la colonie s'élève, par an, à........... 2,290,000

La journée d'un maître-ouvrier, tel que forgeron, charpentier, maçon, est payée, à la Guadeloupe, depuis 5 jusqu'à
10 francs; celle d'un compagnon est de 2 francs 50 centimes
à 3 francs, indépendamment de la nourriture qu'il reçoit de
celui qui l'emploie.

Il n'y a point d'établissement de pêche à la Guadeloupe. En
général, cette industrie est exercée par les noirs journaliers
des villes, qui s'y livrent sur la côte, dans les anses et dans les
rades et ports. Les nègres des quartiers avoisinant la mer se
livrent aussi à la pêche. On n'exporte point de poisson de la
Guadeloupe; celui qu'on prend est livré à la consommation
journalière et devient une ressource pour la classe la moins
aisée de la population. On évalue à 29 ou 30,000 kilogrammes la quantité de poisson frais annuellement consommée
à la Guadeloupe et dans ses dépendances.

Indépendamment des individus qui se livrent eux-mêmes à
la pêche, on compte dans la colonie quelques habitants qui
font pêcher pour leur compte et sur une échelle un peu plus
étendue.

Pêche.

1 Voyez ci-dessus, page 218.

On ne peut dire combien d'embarcations sont affectées à la pêche; on sait seulement que le nombre des pirogues, chaloupes et canots de la colonie ne dépasse pas 500.

La marine locale emploie plus de 2,000 individus, dont 400 environ comme patrons et 1,600 comme simples marins. Sur ces 2,000 individus, un sixième environ appartient à la population blanche, un autre sixième à la population de couleur, et les quatre autres sixièmes à la population esclave.

CHAPITRE XII.

COMMERCE[1].

L'ordonnance royale du 5 février 1826 et celle du 29 avril 1829, autorisent les navires, soit nationaux, soit étrangers, à importer à la Guadeloupe, mais seulement dans les ports de la *Basse-Terre*, de la *Pointe-à-Pitre*, du *Moule*, et du *Grand-Bourg* de Marie-Galante, diverses denrées et marchandises étrangères.

La nomenclature de ces denrées et marchandises, et les motifs qui ont conduit à en permettre l'importation dans les Antilles françaises, ayant déjà été exposés avec détail dans la *Notice statistique sur la Martinique*, on ne peut que renvoyer le lecteur à cette notice[2].

Voici le tableau récapitulatif du commerce de la Guadeloupe avec la France, de 1821 à 1835. Les chiffres dont il se compose sont extraits des Tableaux généraux du commerce de la France avec ses colonies et les puissances étrangères, publiés annuellement par l'administration des douanes du royaume; ils ont eu pour base, à dater de 1826[3], les

Marchandises étrangères dont l'importation à la Guadeloupe est permise.

Tableau récapitulatif du commerce de la Guadeloupe avec la France, de 1821 à 1835.

---

1 Voir, dans la *Notice préliminaire*, pages 20 et suivantes, ce qui est dit relativement au régime commercial des colonies françaises.

2 Voir ci-dessus, pages 111 et 112.

3 Pour l'intelligence des tableaux de commerce insérés dans le présent

taux moyens d'évaluation établis par l'ordonnance royale du 29 mai 1826.

ANNÉES.	IMPORTATIONS DE LA COLONIE en France.	EXPORTATIONS DE FRANCE dans la colonie.	TOTAUX.
COMMERCE SPÉCIAL.			
1821...............	16,092,385f	11,241,450f	27,333,835f
1822...............	20,010,033	10,282,857	30,292,890
1823...............	13,970,968	12,930,216	26,901,184
1824...............	24,500,783	17,717,797	42,218,580
1825...............	16,774,199	14,881,180	31,655,379
1826...............	19,997,832	20,346,940	40,344,772
1827...............	18,414,988	19,459,694	37,874,682
1828...............	21,559,378	20,129,513	41,688,891
1829...............	23,304,327	22,040,835	45,345,162
1830...............	17,746,734	11,285,909	29,032,643
1831...............	23,909,629	12,817,315	36,726,944
1832...............	24,327,577	22,491,104	46,818,681
1833...............	19,371,113	12,235,501	31,606,614
1834...............	18,390,398	14,385,554	32,775,952
1835...............	18,805,563	16,362,029	35,167,592
Moyenne des 15 années.	19,811,727	15,907,193	35,718,920
COMMERCE GÉNÉRAL.			
1825...............	17,064,033f	15,656,547f	32,720,580f
1826...............	21,896,250	20,411,203	42,307,453
1827...............	21,080,974	17,979,138	39,060,112
1828...............	23,939,954	19,329,237	43,269,191
1829...............	25,236,852	22,456,590	47,693,442
1830...............	20,823,871	11,274,262	32,098,133
1831...............	26,183,619	12,143,453	38,327,072
1832...............	23,366,978	22,908,491	46,275,469
1833...............	21,161,430	12,296,101	33,457,531
1834...............	24,556,013	14,384,955	38,940,968
1835...............	23,738,175	16,508,352	40,246,527
Moyenne des 11 années.	22,640,741	16,849,848	39,490,589

chapitre, il convient de se reporter aux observations consignées dans la *Notice statistique sur la Martinique* (pages 113 et 114, à la note), relativement à ces valeurs moyennes et aux dénominations de *commerce spécial* et de *commerce général.*

Tableau
particulier
pour 1835,
du commerce
de la Guadeloupe
avec la France.

Il résulte du tableau suivant (dont les chiffres sont extraits, comme les précédents, des tableaux annuels publiés par l'administration des douanes), 1° qu'en 1835, le mouvement commercial entre la Guadeloupe et la France s'est élevé en totalité à la somme de 40,246,527 francs, non compris 304,900 francs de numéraire, importés de la colonie en France; 2° que le montant des droits perçus par la métropole, durant la même année, sur les denrées provenant de la colonie, a atteint le chiffre de 14,785,184 francs.

NATURE DES MARCHANDISES.	IMPORTATIONS DE LA GUADELOUPE EN FRANCE.			
	Marchandises arrivées.	Marchandises mises en consommation.	Droits perçus en France.	Numéraire importé.
Matières nécessaires à l'industrie...	377,320ᶠ	278,405ᶠ	14,785,184ᶠ	304,900ᶠ
Objets de consommation { naturels...	23,340,573	18,519,162		
{ fabriqués..	20,282	7,996		
Totaux	23,738,175	18,805,563	14,785,184	304,900

	EXPORTATIONS DE FRANCE A LA GUADELOUPE.		
	Marchandises françaises.	Marchandises étrangères.	TOTAUX.
Produits naturels..............	4,822,232ᶠ	31,971ᶠ	4,854,303ᶠ
Objets manufacturés............	11,539,797	114,352	11,654,149
Totaux...	16,362,029	146,323	16,508,352

RÉCAPITULATION.

Importations de la Guadeloupe en France....................	23,738,175ᶠ
Exportations de France à la Guadeloupe	16,508,352
TOTAL GÉNÉRAL......................	40,246,527

Releve,
par quantités,
des
principales denrées
et marchandises
exportées
de France
pour la Guadeloupe
de 1821 à 1835.

Le relevé suivant des principales denrées et marchandises exportées de France pour la Guadeloupe, de 1821 à 1835, est établi, comme les précédents, d'après les tableaux annuels de commerce publiés par l'administration des donanes de France.

ANNÉES.	BEURRE.	EAU-DE-VIE DE VIN	FARINES.	FRO-MAGES.	GRAINS.	HUILE D'OLIVE comestible.
	kil.	hectol.	kil.	kil.	kil.	kil.
1821	277,561	243	3,278,415	41,043	419,925	197,696
1822	275,651	188	3,298,897	42,017	437,325	104,178
1823	332,031	511	3,018,526	58,009	473,633	68,472
1824	382,224	352	3,579,957	80,619	606,749	232,578
1825	362,759	230	2,922,564	83,007	297,973	219,891
1826	528,986	306	4,104,572	72,736	855,351	367,039
1827	466,176	836	4,337,730	74,504	748,942	315,062
1828	483,713	943	2,190,705	78,059	1,161,548	518,608
1829	562,721	497	3,974,748	75,140	816,556	548,304
1830	223,882	280	3,147,586	47,634	386,715	300,804
1831	292,429	193	2,740,790	55,084	329,719	502,999
1832	464,357	258	3,722,289	82,036	613,213	544,562
1833	193,740	1,289	2,770,834	65,980	1,002,868	263,323
1834	229,603	303	3,264,156	84,757	1,547,735	386,154
1835	285,178	456	3,213,357	73,634	1,222,133	311,315

ANNÉES.	PEAUX OUVRÉES.	POISSONS de mer frais, secs, et salés.	TISSUS de coton.	TISSUS de lin et de chanvre.	VIANDES SALÉES.	VINS.
	kil.	kil.	kil.	kil.	kil.	hectol.
1821	19,742	408,916	56,198	133,777	114,240	21,334
1822	21,562	356,790	48,238	175,122	205,944	20,549
1823	26,461	57,859	112,654	253,720	209,411	20,009
1824	56,012	139,876	155,956	254,838	71,321	24,761
1825	35,466	124,449	111,427	146,872	385,368	30,598
1826	45,714	528,764	181,167	196,067	493,629	35,066
1827	50,956	914,570	149,779	228,569	430,379	26,543
1828	37,380	1,189,023	174,280	205,817	522,674	30,299
1829	54,847	1,304,056	208,552	216,768	486,217	31,982
1830	46,816	922,320	74,435	94,333	357,224	24,302
1831	48,257	1,752,031	121,075	109,766	426,665	27,417
1832	67,728	709,894	271,598	327,367	574,212	39,196
1833	53,721	184,541	102,499	96,799	338,254	23,987
1834	63,479	478,142	133,113	111,305	171,261	29,419
1835	84,093	410,725	136,624	135,620	504,724	27,150

Le relevé suivant indique les exportations qui ont eu lieu de la Guadeloupe, en denrées de la colonie, de 1831 à 1835. Les chiffres en sont empruntés aux états annuels de commerce dressés par l'administration de la Guadeloupe, et transmis par elle au département de la marine. Ils donnent par conséquent les quantités exportées, telles qu'elles ont été constatées au départ de la colonie.

Relevé des exportations de la Guadeloupe en denrées de la colonie, de 1831 à 1835.

RELEVÉ des exportations de la Guadeloupe, en denrées de la colonie, de 1831 à 1835.

INDICATION de la DESTINATION.	SUCRE brut. kil.	SUCRE te ré. kil.	MÉLASSE. litr.	TAFIA. litr.	LIQUEURS. litr.	SIROPS, bonbons, confitures. kil.	CAFÉ. kil.	CACAO. kil.	GIROFLE. kil.	ÉCORCE DE QUINQUINA. kil.	CASSE SANS APPRÊT. kil.	FARINE DE MANIOC. kil.	COTON. kil.	TABAC fabriqué. kil.	BOIS de teinture. kil.
1831.															
Pour France....	35,079,968	75,217	»	309,766	»	1,554	907,016	5,754	»	»	»	»	30,667	»	46,422
Pour les colonies françaises.....	»	»	23,700	»	»	»	»	»	»	»	»	»	»	»	»
Pour l'étranger..	»	»	4,072,870	3,588	»	27	»	»	»	»	»	»	»	»	»
TOTAUX...	35,079,968	75,217	4,095,570	313,354	»	1,581	907,016	5,754	»	»	»	»	30,667	»	46,422
1832.															
Pour France....	33,254,689	24,370	76,238	98,279	»	2,105	960,311	6,702	52	780	»	»	35,001	9	363,422
Pour les colonies françaises.....	»	»	7,140	67,076	»	»	»	»	»	»	»	»	»	»	»
Pour l'étranger.	»	»	3,115,702	1,132	»	181	»	»	»	»	»	»	»	105	»
TOTAUX...	33,254,689	24,370	3,199,130	166,487	»	2,376	960,311	6,702	52	780	»	»	35,001	114	363,422

	1	2	3	4	5	6	7	8	9	10	11	12	13	14
1833.														
Pour France....	31,371,080	5,644	1,832	226,319	178	661,587	2,151	420	"	90	930	32,872	3	212,617
Pour les colonies françaises....	"	"	8,224	10,040	"	"	"	"	"	"	"	"	"	1,000
Pour l'étranger..	"	"	3,286,926	3,785	22	"	"	"	"	"	"	"	396	"
TOTAUX...	31,371,030	5,644	3,296,982	240,144	1,519	661,587	2,151	420	"	90	930	32,872	399	213,617
1834.														
Pour France....	38,612,900	6,811	1,399	715,798	208	889,443	9,102	"	"	50	1,143	51,838	2,500	201,147
Pour les colonies françaises....	"	"	14,716	5,900	"	"	"	"	"	"	2,290	"	"	"
Pour l'étranger..	"	15,440	3,281,932	770	41	"	"	"	"	"	"	"	164	"
TOTAUX...	38,612,060	22,251	3,298,047	722,468	2,173	889,443	9,102	"	"	50	3,433	51,838	166 500	201,147
1835.														
Pour France....	32,041,811	4,434	14,158	544,714	76	541,693	4,829	"	"	"	"	43,935	3	280,674
Pour les colonies françaises....	"	"	11,852	6,252	"	"	"	"	"	"	"	"	"	"
Pour l'étranger..	50,536	"	2,251,428	4,017	10	"	"	"	"	"	"	"	122	3,850
TOTAUX...	32,092,357	4,434	2,277,438	554,983	1,998	541,693	4,829	"	780	140	"	43,935	125	284,524
TOTAUX pour les cinq années...	170,411,064	131,916	16,168,167	4,097,436	9,647	3,960,050	28,538	472	"	"	4,383	194,313	804	1,109,132
Moyenne des cinq années	34,082,213	26,383	3,233,633	399,487	1,929	792,010	5,707	94	156	28	876	38,863	161	221,826

Indépendamment des denrées dénommées dans le tableau qui précède, il a été exporté de la Guadeloupe pour diverses destinations, mais principalement pour la France, plusieurs autres denrées et marchandises, telles que : gingembre, racines et fruits médicinaux, fruits de table, peaux brutes, cornes et sabots de bétail, écailles de tortue, fer, cuivre et étain vieux, argent brut, objets de collection, etc., mais en petites quantités.

Tableau général
du mouvement
commercial
de
la Guadeloupe
pendant l'année
1835.

Voici maintenant le tableau complet du mouvement commercial de la Guadeloupe et de ses dépendances, pendant l'année 1835. Le montant des exportations de France pour la Guadeloupe, et celui des importations de la Guadeloupe en France, sont extraits du tableau général de commerce publié par l'administration des douanes du royaume et basés par conséquent sur les évaluations faites en France des marchandises importées et exportées [1]. Le reste est extrait des états dressés par l'administration coloniale pour la même année, et dès lors ce sont les prix courants du marché colonial qui ont servi de base à l'estimation des valeurs qui y figurent.

				TOTAUX généraux.
IMPORTATIONS DANS LA COLONIE.				
Denrées et marchandises françaises............	expédiées de France....	16,362,029	17,750,861	20,768,264
	importées des colonies françaises............	1,388,832		
Denrées et marchandises étrangères importées.	par navires français.....	1,009,316	3,017,403	
	par navires étrangers.....	2,008,087		
EXPORTATIONS DE LA COLONIE.				
Denrées et marchandises de la colonie.......	importées en France....	23,738,175	24,196,902	25,348,655
	expédiées pour les colonies françaises........	4,768		
	expédiées pour l'étranger	453,959		
Denrées et marchandises (provenant de l'importation)............	françaises............	1,075,829	1,151,753	
	étrangères............	75,924		
		TOTAL général......		46,116,919

¹ Voyez ci-dessus, la note des pages 113 et 114.

En 1835 les mouvements de la navigation commerciale ont eu pour résultat, à la Guadeloupe et dans ses dépendances, en ce qui regarde les navires français seulement ;

1.º L'entrée dans la colonie de 485 navires français, jaugeant 68,315 tonneaux, et montés de 4,583 hommes d'équipage ;

2.º La sortie de la colonie de 476 navires français, jaugeant 69,273 tonneaux, et montés de 4,704 hommes d'équipage.

Voici, au reste, le tableau général des mouvements de la navigation à laquelle le commerce maritime de la Guadeloupe et de ses dépendances a donné lieu en 1835 :

DÉSIGNATION des LIEUX DE PROVENANCE ou de destination.	BATIMENTS ENTRÉS DANS LA COLONIE.					BATIMENTS SORTIS DE LA COLONIE.				
	Navires français.			Navires étrangers. (Nombre.)	Total des bâtiments entrés.	Navires français.			Navires étrangers. (Nombre.)	Total des bâtiments sortis.
	Nombre de navires.	Tonnage.	Nombre d'hommes d'équipage.			Nombre de navires.	Tonnage.	Nombre d'hommes d'équipage.		
1.º France.										
Marseille............	38	9,506	496	"	38	41	10,010	510	"	41
Bordeaux............	37	9,954	509	"	37	22	5,825	304	"	22
Nantes..............	24	5,825	320	"	24	6	1,265	73	"	6
Granville...........	5	1,635	74	"	5	"	"	"	"	"
Cherbourg..........	4	995	50	"	4	"	"	"	"	"
Havre...............	65	18,196	871	"	65	84	22,695	1,133	"	84
Dieppe.............	1	169	9	"	1	"	"	"	"	1
Dunkerque.........	11	2,363	118	"	11	8	1,761	96	"	11
TOTAUX....	185	48,644	2,447	"	185	161	41,556	2,116	"	161
2.º Colonies et pêcheries françaises.										
Sénégal.............	3	413	26	"	3	1	217	12	"	1
Martinique..........	122	6,307	735	"	122	119	5,176	769	"	119
Terre-Neuve........	23	4,062	261	"	23	10	1,818	114	"	10
TOTAUX....	148	10,782	1,022	"	148	130	7,211	895	"	130

DÉSIGNATION des LIEUX DE PROVENANCE ou de destination.	BATIMENTS ENTRÉS DANS LA COLONIE.					BATIMENTS SORTIS DE LA COLONIE.				
	Navires français.			Navires étrangers. (Nombre.)	Total des bâtiments entrés.	Navires français.			Navires étrangers. (Nombre.)	Total des bâtiments sortis.
	Nombre de navires.	Tonnage.	Nombre d'hommes d'équipage.			Nombre de navires.	Tonnage.	Nombre d'hommes d'équipage.		
3° _Pays étrangers_[1].										
Côte d'Afrique	1	215	15	"	1	"	"	"	"	"
Brésil	5	935	55	"	5	"	"	"	"	"
Côte-Ferme	3	137	22	4	7	12	1,606	112	"	12
États-Unis d'Amérique	4	1,257	55	122	126	24	6,898	323	75	99
Nouvelle-Bretagne	"	"	"	1	1	"	"	"	"	"
Grenade	"	"	"	1	1	1	31	7	1	2
Sainte-Lucie	"	"	"	8	8	"	"	"	7	7
Dominique	3	154	23	5	8	4	255	30	8	12
Antigue	9	441	64	8	17	9	410	50	11	20
Barbade	1	33	5	1	2	"	"	"	"	"
Saint-Eustache	"	"	"	4	4	1	29	5	3	4
Saint-Barthélemy	11	108	39	24	35	16	527	55	30	46
Halifax	"	"	"	2	2	"	"	"	"	"
Ile-à-Crabes	2	47	8	"	2	"	"	"	"	"
Marguerite	"	"	"	3	3	"	"	"	3	3
Montserrat	1	57	7	"	1	"	"	"	1	1
Nièves	1	57	7	4	5	"	"	"	"	"
Saint-Thomas	29	1,286	207	3	32	34	2,368	290	33	67
Porto-Ricco	77	4,021	581	1	78	60	3,845	561	1	61
Curaçao	2	86	14	"	2	1	43	7	"	1
Bermudes	"	"	"	1	1	"	"	"	"	1
Saint-Christophe	2	52	9	1	3	1	49	7	2	3
Anguille	"	"	"	17	17	2	6	6	28	30
St-Martin (part. holland.)	1	3	3	2	3	"	"	"	35	35
Portugal	"	"	"	"	"	1	196	9	"	1
Mexique	"	"	"	"	"	3	564	33	"	3
Saint-Domingue	"	"	"	"	"	4	1,151	57	"	4
Jamaïque	"	"	"	"	"	"	"	"	1	1
Trinidad	"	"	"	"	"	1	51	8	2	3
Saint-Vincent	"	"	"	"	"	"	"	"	2	2
Cuba	"	"	"	"	"	11	2,477	133	3	14
Iles-Turques	"	"	"	"	"	"	"	"	1	1
TOTAUX	152	8,859	1,114	212	364	185	20,506	1,693	248	433
TOTAUX GÉNÉRAUX.	485	68,315	4,583	212	697	476	69,273	4,704	248	724

OBSERVATION.

[1] On n'a pas l'indication exacte du tonnage des navires étrangers employés au commerce des Antilles françaises. On se borne donc à faire observer ici, 1° que les bâtiments anglais sont, pour la plupart, des caboteurs; 2° que tous ces navires étrangers ne sont pas avec nos colonies un commerce proportionné à leur tonnage, ainsi qu'on peut s'en convaincre en comparant ce tonnage avec les quantités ou les valeurs des marchandises importées ou exportées sous pavillon étranger.

Comme complément du tableau précédent, il conviendrait de présenter ici l'état des bâtiments et embarcations de commerce dont se composait la marine locale en 1835 ; mais on ne possède point de chiffres qui se rapportent à une époque aussi récente, et l'on ne peut donner que le relevé suivant qui est antérieur de quelques années à 1835 :

INDICATION DES BÂTIMENTS et embarcations appartenant à la colonie.	NOMBRE.	TONNAGE.		OBSERVATIONS.
		MINIMUM.	MAXIMUM.	
		tonneaux	tonneaux	
Bâtiments au long cours.	4	128	237	[1] De ces 93 bâtiments caboteurs, 81 appartiennent à la Guadeloupe et 12 à Marie-Galante.
Bâtiments caboteurs....	[1] 93	8	180	
Pirogues, chaloupes et canots............	[2] 436	1	14	[2] Des 436 pirogues, chaloupes et canots, 291 appartiennent à la Guadeloupe, 45 à Marie-Galante, 67 aux Saintes et 33 à Saint-Martin.
Acons, bacs et autres alléges............	[3] 62	1	10	[3] 54 acons, bacs et autres alléges appartiennent à la Guadeloupe, et 8 à Marie-Galante.
TOTAL........	595			

Quant aux maîtres, patrons et marins de ces bâtiments et embarcations, en voici le nombre détaillé :

	MAITRES DES BÂTIMENTS		PATRONS de pirogues et autres embarcations.	MARINS.	TOTAL.
	au long cours.	caboteurs.			
Blancs..............	4	41	109	194	348
Hommes de couleur libres...	"	48	107	158	313
Esclaves..............	"	"	202	1,259	1,461
TOTAUX......	4	89	418	1,611	2,122

CHAPITRE XIII.

MONNAIES, BANQUE, POIDS ET MESURES.

Système monétaire.

Les détails donnés, dans la *Notice statistique sur la Martinique*, relativement au système monétaire de la colonie, s'appliquant identiquement à la Guadeloupe, on ne peut qu'y renvoyer le lecteur [1].

Banque.

La conséquence inévitable de la rareté habituelle du numéraire à la Guadeloupe étant d'y produire de la gêne dans les transactions, et d'y tenir l'intérêt de l'argent à un taux élevé, il parut qu'un moyen efficace de remédier à cet état de choses serait de créer, par voie d'association, dans la colonie, un signe représentatif du numéraire, dont la circulation, fondée sur le crédit, pût suppléer à l'insuffisance des monnaies effectives; et dans cette vue, une ordonnance royale du 10 décembre 1826 autorisa l'établissement d'une banque à la Guadeloupe.

La durée de son privilége fut fixée à vingt ans, et son capital, à 1,500,000 francs, divisés en actions de 1,000 francs chacune, dont six cents furent placées en France; cette banque fut autorisée à émettre des bons de caisse pour une valeur double de celle des espèces métalliques existant dans ses coffres; le taux à percevoir pour ses escomptes fut de 6 p. % par an, plus une commission de 1/4 p. % sur les effets n'ayant

---

[1] Voir ci-dessus les pages 124 à 126, et le tableau des monnaies inséré page 127.

qu'un mois à courir; de 1/2 p. % pour ceux d'un à deux mois; et de 3/4 p. % pour ceux de deux à trois mois.

La banque fut constituée et commença ses opérations dans le mois de juillet 1827. Elle sembla d'abord réaliser les espérances que l'on avait conçues. L'émission de son papier pourvut aux besoins de la circulation; la confiance et le crédit reparurent dans la colonie, et les transactions depuis longtemps gênées reprirent leur cours et une nouvelle activité. Mais ce résultat ne fut pas de longue durée : l'établissement se trouva bientôt dans l'impossibilité de retenir le numéraire nécessaire à ses besoins; et les opérations entreprises pour en tirer du dehors ne procurèrent que des sommes insuffisantes pour combler les vides produits par les exportations. La banque fut obligée de suspendre ses escomptes dans les premiers mois de 1828. Le 8 mai de la même année elle adhéra à une convention conclue par la majeure partie des négociants de la Pointe-à-Pitre à l'effet d'attribuer aux monnaies décimales de France un cours supérieur de 10 p. % à leur valeur. La surévaluation donnée à ces monnaies en fit entrer d'abord une quantité considérable dans les coffres de la banque, et elle put reprendre le cours de ses opérations; mais d'un autre côté ses billets n'étant plus remboursés par elle qu'en monnaies surhaussées, son papier perdit de son crédit. Le gouvernement de la métropole ne pouvait tolérer un pareil surhaussement, qui, outre son illégalité, n'offrait qu'un remède inefficace et illusoire. La banque fut contrainte d'y renoncer. Elle continua encore quelque temps ses opérations; mais en 1831 elle est entrée en liquidation par suite d'embarras qui, bien que momentanés, ont suffi pour entraver entièrement ses opérations. Cette liquidation n'est point encore terminée.

Une ordonnance locale du 15 juin 1824 a mis en vigueur à la Guadeloupe et dans ses dépendances, à dater du 1er janvier 1825, le système métrique adopté dans la métropole pour les poids et mesures. Les anciennes mesures de Paris, telles que le pied, la toise, l'aune, la livre et leurs subdivisions, étaient restées jusque-là en usage à la Guadeloupe comme à la Martinique.

Un tableau donnant la réduction en mesures nouvelles de ces mesures anciennes et de quelques autres mesures locales et étrangères a été inséré dans le chapitre XIII de la *Notice statistique sur la Martinique*. On renvoie le lecteur à ce tableau[1], qui s'applique également à la Guadeloupe, sauf en ce qui concerne deux mesures agraires locales, le *pas* et le *carré*, qui n'ont pas dans cette dernière colonie la même valeur qu'à la Martinique. A la Guadeloupe, le *pas* n'est que de 3 pieds; et le *carré* n'a que 10,000 pas carrés, de chacun 9 pieds carrés; de sorte que, converti en mesures métriques, le carré de la Guadeloupe n'équivaut qu'à 0 hectare 949,686, tandis que le carré de la Martinique équivaut à 1 hectare 2926. Il faut en effet 136 carrés et un neuvième de la Guadeloupe, pour former 100 carrés de la Martinique.

[1] Voir ci-dessus, page 128.

CHAPITRE XIV.

ÉTABLISSEMENTS D'UTILITÉ PUBLIQUE [1].

A la fin de 1836 on comptait à la Guadeloupe et à Marie-
Galante 51 établissements d'instruction publique, savoir :

Établissements
d'instruction
publique.

A la Basse-Terre............	5 pour les garçons.... 4 pour les filles......	9
A la Pointe-à-Pitre...........	13 pour les garçons... 7 pour les filles.....	20
Dans les dix quartiers du *Vieux-Fort*, des *Abîmes*, du *Morne-à-l'Eau*, de *Saint - François*, de *Sainte-Rose*, de la *Baie-Mahault*, du *Moule*, de *Sainte-Anne*, du *Lamentin*, et de la *Pointe-Noire*............	17 pour les garçons.. 1 (à Sainte-Anne) pour les filles........	18
A Marie-Galante............	4 pour les garçons, ci..	4
TOTAL................		51

dont 39 pour les garçons et 12 pour les filles.

Parmi ces établissements on en distingue trois principaux,
appartenant à la ville de la Basse-Terre :

1° Une école d'enseignement mutuel, fondée il y a trois
ou quatre ans, et entretenue aux frais de la colonie. Cette ins-

---

[1] Voyez, dans la *Notice préliminaire* (page 12), ce qui concerne le
Dépôt des chartes et archives de la marine et des colonies.

titution, où l'on se borne à l'enseignementdes connaissances purement élémentaires, est presque exclusivement fréquentée par des enfants appartenant à l'ancienne classe de couleur libre. Le nombre des élèves s'y élevait, en août 1834, à 110.

2° Une maison, ayant pensionnat et externat de garçons, fondée il y a peu d'années. Le nombre des professeurs du pensionnat était de 6 au commencement de l'année 1835, et celui des élèves de 35 à 40. On y enseigne les langues mortes et vivantes, l'histoire, la géographie, l'écriture, le dessin, l'arithmétique et les mathématiques. Le prix annuel de la pension est de 1,200 francs.

3° Une maison royale d'éducation pour les jeunes demoi-selles de la colonie, instituée par un arrêté local du 17 octobre 1822 et dirigée par les dames religieuses de la congrégation de Saint-Joseph de Cluny. Cette institution jouit d'une sub-vention sur les fonds de la colonie. L'administration locale s'est réservé le droit de disposer d'un certain nombre de bourses dans l'établissement en faveur des demoiselles dont les familles sont peu aisées. Le nombre des élèves est de 40 à 50, et celui des sœurs chargées de l'enseignement et des autres soins qu'exige l'établissement, de 13. Le prix annuel de la pension est de 1,000 francs. L'enseignement comprend : la lecture, l'écriture, le calcul, la langue française, quelques éléments de littérature, l'histoire, la chronologie, la mythologie, la géographie et des notions de sphère. Les élèves sont en outre exercées à la couture et à la broderie. Les arts d'agrément sont aussi enseignés, mais ils sont payés à part.

Afin d'augmenter autant que possible les moyens d'instruc-tion mis à la portée des colons de la Guadeloupe, le gouvernement a fondé six bourses gratuites dans les colléges royaux de France et trois bourses gratuites dans la maison royale de la Légion d'Honneur pour les jeunes créoles de l'un et de l'autre sexe.

Il existe à la Basse-Terre, à la Pointe-à-Pitre, à Marie-Galante et à Saint-Martin, des hôpitaux où, indépendamment des militaires de la garnison et des marins des bâtiments de l'État et du commerce, on reçoit les employés civils, les indigents de la classe libre et les noirs du domaine colonial. De ces quatre hôpitaux, celui de Marie-Galante est seul en régie; les trois autres sont confiés à des entrepreneurs. L'hôpital de la Basse-Terre contient environ 300 lits; celui de la Pointe-à-Pitre, 150; celui de Marie-Galante, 20; et celui de Saint-Martin, 22.

Il y a, en outre, dans les deux villes principales, des hospices de charité entretenus au compte des caisses municipales.

Il a été formé, dans l'île de la Désirade, un dépôt où sont entretenus et soignés aux frais de la colonie tous les individus attaqués de la lèpre, provenant de la Guadeloupe et de ses dépendances. 175 lépreux s'y trouvaient réunis en 1836. L'administration locale s'est occupée, d'après les ordres du département de la marine, de procurer à cet établissement, qui est à l'entreprise, l'extension et les améliorations qu'il a paru exiger dans l'intérêt du bon ordre et de l'humanité. Le bienfait de cette extension doit s'étendre à la colonie de la Martinique, où il n'existe aucun dépôt semblable.

En vertu d'un règlement local du 7 septembre 1826, un bureau de bienfaisance est établi dans chacune des paroisses de la Guadeloupe et pourvoit à la distribution des secours à domi-

Hospices
et hôpitaux.

Léproserie
de la Désirade.

Bureaux
de bienfaisance.

cile, à la réalisation et à l'emploi des legs ou donations de bienfaisance, et, enfin à toutes les mesures qu'exige l'intérêt des pauvres dont ces bureaux ont la tutelle.

Les bureaux de bienfaisance sont composés, dans les villes, d'un président, du curé, de cinq notables et d'un trésorier; et, dans les quartiers, du commandant, du curé, de trois notables et d'un trésorier.

Comités de vaccine. Il existe deux comités de vaccine à la Guadeloupe, l'un à la Basse-Terre et l'autre à la Pointe-à-Pitre. Ils y ont été créés au commencement de 1819. Leur but est la propagation de la vaccine dans la colonie. Le curé de Saint-François et le vice-préfet apostolique en font partie.

Conseil et commission de santé. Il existe un conseil de santé à la Basse-Terre, et une commission de santé à la Pointe-à-Pitre, composés l'un et l'autre du médecin, du chirurgien et du pharmacien en chef de la marine dans chacune des deux villes. Les membres qui les composent ont pour fonctions d'examiner ce qui se rapporte à l'état sanitaire de la colonie, de signaler ce qui peut compromettre la santé publique, de visiter les bâtiments arrivant à la Guadeloupe, de faire des observations sur les différentes maladies qui affligent la colonie, et de présenter les moyens de les combattre.

Chambres de commerce. Deux chambres de commerce ont été créées en 1832 à la Guadeloupe : l'une à la Basse-Terre, composée de six membres et du directeur de l'intérieur, qui la préside; l'autre à la Pointe-à-Pitre, composée de neuf membres et présidée par le président de ville.

Les attributions de ces deux chambres de commerce consistent :

A présenter des vues sur les moyens d'accroître la prospérité du commerce;

A faire connaître au gouvernement les causes qui en arrêtent les progrès;

Et à surveiller l'exécution des travaux publics relatifs au commerce, et l'exécution des lois et arrêtés concernant la contrebande.

Il existe, à la Basse-Terre, une bibliothèque publique, ouverte tous les jours, depuis neuf heures du matin jusqu'à trois heures de l'après-midi, les dimanches et fêtes exceptés. Elle contient un assez grand nombre d'ouvrages utiles et instructifs.

Bibliothèque publique.

Il existe trois imprimeries particulières à la Guadeloupe; deux sont établies à la Pointe-à-Pitre; la troisième, qui est placée à la Basse-Terre, est un établissement public chargé des impressions du gouvernement.

Imprimerie

On imprime à la Guadeloupe : 1° trois journaux, qui sont: la *Gazette officielle de la Guadeloupe*, le *Courrier de la Guadeloupe*, et le *Journal commercial de la Pointe-à-Pitre;* 2° l'*almanach de la Guadeloupe*, publié chaque année; 3° le *Bulletin officiel de la Guadeloupe*, recueil mensuel renfermant les lois, ordonnances royales, décrets coloniaux, arrêtés locaux et autres actes intéressant la colonie.

FIN DE LA PREMIÈRE PARTIE.

16

TABLE DES MATIÈRES

DE LA PREMIÈRE PARTIE.

Chapitre IV. — Population.

Chapitre V. — Pouvoir législatif, gouvernement et administration.

Chapitre VI. — Législation générale.

Chapitre VII. — Organisation judiciaire et administration de la justice.

Chapitre VIII. — Forces militaires.

FIN DE LA TABLE.

www.ingramcontent.com/pod-product-compliance
Lightning Source LLC
Chambersburg PA
CBHW070812270326
41927CB00010B/2392